食からみる世界

山田孝子・小西賢吾 編

英明企画編集

刊行にあたって
食がわかれば世界がわかる

　世界のあらゆる地域から届いた食材や料理があふれる今日、私たちにとってもっとも身近で、日々欠かせない行為である「食」をめぐる環境は激変し、無国籍化されているような錯覚さえ起こしてしまいます。しかしその一方で、味や食材、調理法などを注意深くみていくと、「食」には地域の伝統が色濃く残っているようすを確認することもできます。

　たとえば、マクドナルドやピザハットなどのお蔭で、世界中のまちでハンバーガーやピザが手に入るようになりましたが、どこでも同じ味を期待できるものではありません。実際に、2000年代に入ってからのインドでの調査では、ピザやハンバーガーの店を目にするようになってはいましたが、そこで出てくるものはカレー味。日本風のピザやハンバーガーを楽しみにしていた私はがっかりしましたが、インド人の食べ物には、多様な香辛料を混ぜ合わせたカレー味が欠か

せないことを改めて理解しました。グローバルとローカルのせめぎ合いのなかで、「食の伝統」が維持されているようすをみることができたのです。

　文化には、「どこで、だれが、だれと、何を、どのように行うのか」という文化的行為の情報が詰まっていて、それは「食」でも同じです。「食」についての比較文化学とは、このような文化的行為を比べることであり、これをとおして、食事の場、共食性、宗教性、材料の調達や加工・調理法など、「食」をめぐる世界の多様性を読み解くことでもあります。

　本書の「食」の文化比較をめぐる座談会や論考が、この本を手にするみなさんにとって、文化の普遍性と個別性、あるいは歴史性と将来性、ひいては世界の多様性と共通性を考える手がかりとなることを願っています。

編者　山田孝子

食からみる世界　目次

刊行にあたって　食がわかれば世界がわかる ……2
　山田孝子

本書でとりあげる世界の食と食材 ………………6
本書でとりあげる日本の食と食材 ………………8

座談会Ⅰ　**「食」が語る地域、時代、季節**
食材の種類と調理法・保存法の
比較からみえるもの ……………………9
　川村義治＋小磯千尋＋小西賢吾＋アヒム・バイヤー＋
　本康宏史＋山田孝子＋ジェームス・ロバーソン

論考　**「食」の比較文化学にむけて**
人－自然関係の人類史と民族誌から ………… 33
　山田 孝子
1　多様性の基盤としての食──地域間比較から考える
2　狩猟採集社会における「食」
3　ドメスティケーションによる「食」の転換 1
　──野生植物の栽培化は何をもたらしたのか
4　ドメスティケーションによる「食」の転換 2
　──野生動物の家畜化は何をもたらしたのか
5　食の比較文化学から文化多様性の理解へ

座談会Ⅱ　**「食」が紡ぐ人と地域の輪・環・和**
食文化とコミュニケーションを考える …… 59
　川村義治＋小磯千尋＋小西賢吾＋アヒム・バイヤー＋
　本康宏史＋山田孝子＋ジェームス・ロバーソン

論考　**食と宗教性**
ヒンドゥー教徒の食文化における浄・不浄観 … 75
　小磯 千尋
1　多様な風土と食
2　浄・不浄とは
3　なにを食べてはいけないか
4　菜食者（ヴェジタリアン）と非菜食者（ノン・ヴェジタリアン）＝肉食
5　牛肉食をめぐって
6　社会と食の関わり

| 座談会 Ⅲ | 「食」からみる北陸・石川・金沢
比較食文化学からの地域研究の可能性 …… 89
川村義治＋小磯千尋＋小西賢吾＋アヒム・バイヤー＋
本康宏史＋山田孝子＋ジェームス・ロバーソン |

| 論考 | 金沢の食文化
いくつかの歴史的背景……………………… 105
本康 宏史
　1 「もみじこ」の話
　2 「北前船」がもたらした食文化
　3 料亭文化と武家社会
　4 「軍都」のおもてなし
　5 年中行事としての食文化──風土と歴史 |

| 論考 | 初期インド仏教における
食事と菜食主義 ………………………… 119
アヒム・バイヤー
　1 はじめに
　2 ブッダの伝説
　3 ブッダの時代の農業、食事、乞食
　4 非暴力と菜食主義 |

あとがき ……………………………………… 139
山田孝子・小西賢吾

写真クレジット ……………………………… 140
編者・執筆者一覧 …………………………… 141

本書でとりあげる世界の食と食材

9 インド
- ピクルス〈28ページ〉
- チャツネ〈28ページ〉
- チャーエ〈79ページ〉

10 チベット

1 ドイツ
- ビスマルク・ニシン〈26ページ〉
- ザワークラウト〈28、29ページ〉
- ピルゼン・ビール、ヘルス・ビール〈61ページ〉
- ツワイバック〈72ページ〉

5 コンゴ民主共和国
- キャッサバ〈46ページ〉
- バナナ酒〈94ページ〉

● プランポーリー〈62ページ〉　● ツォク〈64ページ〉

2 イギリス
- フィッシュ＆チップス〈14ページ〉

6 中国四川省
- 火鍋〈12ページ〉

3 スペイン
- パエリア〈23ページ〉

7 タイ
- ナン・プラー〈25ページ〉

● モーダック〈63ページ〉　● カプツェ〈65、66ページ〉

4 カラハリ砂漠
- スイカ〈36ページ〉

8 ベトナム
- ニュク・マム〈25ページ〉

● ターリー〈85ページ〉　● チャン〈95ページ〉

11 韓国

- 九節板〈17ページ〉
- キムチ〈27ページ〉

14 カナダ太平洋岸域

- サケの燻製〈38ページ〉

15 カナダ北極海沿岸域

- アザラシ〈37ページ〉
- カリブー〈37ページ〉

17 ブラジル─ベネズエラ国境付近

- キャッサバ〈45ページ〉

12 ミクロネシア プンラップ島

- ココナッツミルク〈48ページ〉

- ブレッドフルーツツリー（パンノキ）〈30、48ページ〉

13 シベリア サハ共和国

- ウマの肉の串焼き〈95ページ〉

16 アメリカ ルイジアナ州

- ガンボ〈13ページ〉
- キャットフィッシュ〈21ページ〉

- タロイモ〈30、44ページ〉

- スグリ〈29ページ〉

18 トランスヒマラヤ ラダック

- バター茶〈55、69ページ〉
- ヤギ乳〈51ページ〉
- チーズ〈53、55ページ〉
- オオムギ料理〈53ページ〉
- ソバ〈54ページ〉

- ヤシ酒〈91、92ページ〉

- 馬乳酒〈91、93ページ〉

本書でとりあげる日本の食と食材

1 石川県／金沢市
- 寒ブナ 〈20ページ〉
- 日本酒「天狗舞」〈90ページ〉
- 芋焼酎「金星」〈91ページ〉
- クジラの刺身 〈93ページ〉
- 能登ワイン 〈97ページ〉
- フグの卵巣のぬか漬け 〈97ページ〉
- 栃餅 〈98ページ〉
- くちこ 〈106ページ〉
- イシリ（イシル、いしる）〈25、106ページ〉
- かぶらずし 〈25ページ〉
- しみ餅 〈31ページ〉
- 堅豆腐 〈31ページ〉

2 北海道
- 干し鮭 〈29ページ〉
- 身欠き鰊 〈73ページ〉
- もみじこ（たらこ）〈73、106ページ〉

3 秋田県
- ショッツル（しょっつる）〈25、106ページ〉

4 新潟県村上市
- 干し鮭 〈29ページ〉

5 長野県
- 野沢菜漬け 〈11ページ〉
- おやき 〈11ページ〉

6 名古屋、東海地方
- ナマズの蒲焼 〈21ページ〉
- 八丁みそ、赤みそ 〈23ページ〉

7 滋賀県
- ふなずし 〈25ページ〉

日本各地
- 干しゼンマイ 〈24ページ〉
- 納豆 〈24ページ〉
- 七草がゆ 〈17ページ〉
- 数の子 〈62ページ〉

- へしこ 〈97ページ〉

座談会 I

「食」が語る地域、時代、季節
食材の種類と調理法・保存法の比較からみえるもの

●参加者●
川村義治／小磯千尋／小西賢吾／アヒム・バイヤー／
本康宏史／山田孝子／ジェームス・ロバーソン

忘れられない思い出の味、長く愛されてきた郷土食、
祭りで味わうハレの食……。
いつ、なにを、どう調理して、いかに食べるか。
食には地域の歴史と個性、人びとの想いがつまっています。
身近な食を手がかりに、地域の共通性や特性について考えてみましょう

川村義治●私が生まれた1950年代には、伝統的な日本の家庭がまだ続いていました。1960年代に入って日本が大きく変化しましたから、子どものころはちょうどその変わり目だったといえます。

「思い出の味」から浮かび上がる地域と時代

オムライスとデパートが演出する非日常

川村●私は石川県南部の伝統的な普通の田舎の家庭に育ちました。たまに金沢などのまちに出てくると、デパートや駅の食堂で、それまで食べたことがないようなものが食べられる。たとえばオムライスです。チキンの入った混ぜご飯が薄焼き卵で包まれていて、ケチャップがかかっていました。これがすごくおいしくて、甘酸っぱいケチャップ味がすごく印象に残っていますね。これは私にとって新たな文化との出会いでした。

小磯千尋●アメリカではオムライスは食べますか。メニューとしてはないですよね。フランス人に「日本のオムライスはすばらしい発明だ」とほめられました。日本のオリジナルみたいですね。

ジェームズ・ロバーソン●オムレツはありますが、オムライスはないですね。

アヒム・バイヤー●ヨーロッパでも、基本的にお米はあまり食べません。でも、スペインとイタリアにはオムライスがあります。

山田孝子●オムレツの中にごはんが入った日本的なバージョンですね。

川村●デパートの食堂では、子ども向けには旗が立っていたものです。

ロバーソン●子どものころにそれを食べることには、特別な意味があったのですね。

川村●特別です。華やかな感じがする。日常の食べ物は、それほど明るく鮮やかではなかったですよね。

山田●おそらく家からデパートやまちに行くことが、日常を離れるということだったのです。子どもは親についていけば、そういうラ

ンチをどこかで食べられる。それは子どもにとっては、ついていく唯一の楽しみだったということがあります。

小磯●かつてのデパートの屋上には子どもたちが遊ぶ場所があって、それもやはり華やかな非日常のものでした。

山田●オムライスではなかったですが、私にとってはフルーツパフェを食べたりするのを楽しむ場所でした。

川村●まさに非日常の食を楽しむ場所でしたよね。

おやきと餃子、インドへの憧れを象徴するカレー

小磯●私は長野県の出身なので、母は漬け物をつけたり、いろいろな保存食をたくさんつくっていました。そのときはありがたみがわかりませんでしたが、いまになると、やっぱり母の記憶というと漬け物や保存食ですね。

山田●野沢菜などですか。

小磯●野沢菜、たくあん、いろいろな漬け物がありました。また長野では「おやき」（写真1）といって、小麦粉でつくった厚めの皮で具材を包んだ食べ物があります。具材は野沢菜など、さまざまな種類があります。油で焼いて、それをまた蒸したりする。焼くだけ、蒸すだけのおやきもありますし、家庭によってはカシワの葉に包んで香りを移すなど工夫をします。素朴なものですが、やはり母の味というと素朴なものに行き着く気がします。

▲**写真1 おやき**
具にはさまざまな野菜が使われることが多く健康的。ダイコンやナス、野沢菜、キャベツなどの具が一般的

もう一つの思い出の食は、餃子です。私が幼いころ、満州から引き揚げてきた方にうちの母がつくり方を習って、本格的に皮をのばすところから餃子をつくっていました。餃子をつくるとなったら、家族が総出で水道管のような小さな麺棒を使って皮をのばす。餃子だ

けでおなかいっぱいにするという中国式の食べ方をしていました。

これが近所でも評判になって、小学生の私までが講師として近所の人につくり方を教えたことを憶えています。「本場の味はおいしいね」とみんなが喜んでくれて、楽しい思い出です。そこに中国や大陸の風を感じていたのでしょうか。日常ではない食という感じで、近所に広まりました。

あとはインドが好きだったこともあり、思い出の食というと、AJATNTA(アジャンタ)という東京の九段下にあった老舗のインド風カレー屋さんを思い出します。雰囲気のいい店で、においがすばらしかったですね。最近のカレー屋さんに行っても、あのにおいはありません。店に入ったときのスパイスの何ともいえない洗練された香りと料理の香り、それがインドに対する憧れにつながっています。本場のカレーがインドへの憧れの象徴みたいでしたね。

川村●昔は商店街に行くと、通りにはにおいが立ち込めていましたね。

小磯●日本はどんどん無臭化されてきています。アジアに行くと、生活のにおいがいっぱいで楽しいですね。いきいきしてくるというか、「戻って来たぞっ!」という感じがします。

小西賢吾●空港から出た瞬間に、その国のにおいがすることもあります。中国の四川省成都市に行くと、リムジンバスを降りた瞬間から火鍋[1]の香辛料のにおいを感じる。それで、四川に来たことを実感します。

小磯●ロバーソンさんは、初めて日本に来たときには何かにおいを感じましたか。

ロバーソン●やっぱりしょうゆのにおいですね。

小磯●発酵のにおいですね。

---

[1] 漢語では一般的に日本語でいう「鍋料理」全般をさして火鍋と呼ぶが、四川省とその周辺地域でよく食べられるものは、香辛料の効いた真っ赤な見た目が特徴。牛や豚、羊などの肉や内臓のほか、魚や野菜、豆腐類など多様な具を入れて、ごま油とニンニク、香菜(コリアンダー)などが入ったタレで食べる。これは他の地域では「麻辣火鍋」と呼ばれることもあるが、辛い味付けを好む四川の人びとにとっては、火鍋といえばこの味があたりまえである。

ルイジアナのガンボとロサンジェルスのマクドナルド

「食」が語る地域、時代、季節——食材の種類と調理法・保存法の比較からみえるもの

ロバーソン●私はアメリカの西海岸と南部のルイジアナ州[2]で育ったので、魚をよく食べます。またルイジアナの人はコメをよく食べるので、私はコメもよく食べる。炊き方は日本に似ています。

川村●それは中国や日本の移民が持ち込んだものですか。

ロバーソン●そうではないと思います。アメリカ南部には、ガンボ[3]（gumbo、写真2）というシチューのような料理があります。シーフード・ガンボ、チキン・ガンボなどいろいろな種類がありますが、そのシチューをごはんにかけて食べるという食習慣が、ケイジャン（Cajun）[4]風文化にあります。

山田●アフリカにもコメ文化があって、ルーをかけて食べますよ。ルイジアナは、古くからコメをつくっていた地域ですか。

▲写真2
ロバーソン家の自家製ガンボ
エビ、ホタテ等のシーフードやオクラ、ニンジン、インゲン、コーン等の野菜をスープ煮にし、雑穀のごはんを添えている

[2] ルイジアナ州はアメリカ南部に位置する。人口は約450万（2010年）、州都はバトンルージュ市で、最大の都市はニューオリンズ市である。ルイジアナの名はフランス王ルイ14世に由来し、もとフランス領だったが、1812年にアメリカ合衆国の州になった。このためフランス文化の影響を大きく受けており、アフリカ系の人びとも多いため、アングロ・サクソン系のアメリカとは少し異なる多文化社会が形成されている。

[3] ガンボは、アフリカのアンゴラ語の「オクラ」を示す ki ngombo に由来することばといわれる。アメリカのルイジアナ州南部の郷土料理で、タマネギ、セロリ、ピーマンなどの野菜と肉あるいは魚介類に、オクラあるいはサッサフラス（Sassafras albidum）の葉の粉末でとろみをつけて、いっしょにスープ煮にした料理である。

[4] カナダ南東部のケベック、ノバスコシア、ニューブランズウィック、プリンスエドワード島地域にあったアケイディア（Acadia）地方に住んでいたフランス系入植者の子孫を「アケイディアン」という。カナダでのイギリスとフランスの植民地戦争でイギリスが勝利したことにより、18世紀中ごろにアケイディアンはアケイディア地方から追放される。彼らのなかでルイジアナ州に移り住んだ人たちが「Cajun（ケイジャン）」と呼ばれ、彼らのケイジャン文化はルイジアナ州の文化に大きな影響を与えたといわれる。

ロバーソン●アメリカ南部、とくにルイジアナ州、ミシシッピ州、テキサスの東のほうにはコメの文化があります。現在食べられているコメがどこから来たのかわかりませんが、アメリカ先住民が栽培していたネイティブ・ライスとは品種が違うと思います。

小磯●日本のような粘りのあるコメですか。

ロバーソン●そうではないですね。

　私は幼稚園から小学校4年生のころまでは、ロサンジェルスにいました。兄弟は5人で、私は4番目でした。5歳か7歳のころ、毎週金曜日だったと思いますが、両親が外食に行った記憶があります。そうして両親が「We out eat」となると、特別にTV dinner[5]を食べていいことになるわけです。

小磯●つまり、お父さんたちだけが出かけて、子どもたちは家に残る。

ロバーソン●両親だけが外食して、子どもは家でテレビをみながら食べてよかった。そのとき母が特別に用意してくれたのは魚のフライでした。

小磯●フィッシュ&チップス[6]みたいな感じですか。

ロバーソン●フィッシュ&チップスのほうがずっとおいしい。(笑)冷凍食品で、簡単につくれるものでした。母が「これはおいしい」と、特別に食べさせた。「私たちは外食してくるので、楽しくテレビをみながら、この特別な料理を食べていいですよ」というわけです。でもいま考えてみると、それは安いものでした。(笑)

小磯●お母さんの策略に乗ってしまった。でも自由になれて、うれしかったのですね。

ロバーソン●子どもとしてはうれしかった。

---

[5] 日本のコンビニ弁当のように、調理後パッケージにされた食品。1950年代から1960年代のアメリカでは、これを持ち運びができる折りたたみのテーブルに置き、食堂ではなく、居間でテレビをみてくつろぎながら食べることが流行し始めていた。テレビをみながら食事をするということで、このように名付けられた。

[6] イギリスを代表する料理の一つ。鱈などの白身の魚のフライに、棒状のポテトフライを添えたもの。

ロスでの食にまつわるもう一つの思い出は、1960年前後のことでしたが、できたばかりのマクドナルドに、ときどき母がみんなを車に乗せて連れて行ってくれたことです。これは特別でした。ファストフードはまだ普及していないころで、アメリカの子どもにとってハンバーガーは大好物でしたから、特別に楽しかった。

食材や食べ方に表れる思想と価値観

アジアの食文化の底流にある**「医食同源」**の精神

小西●みんなで集まって何を食べるかとか、どんなものを重視するのかというのは、その地域の生業や環境、気候にもかかわると思います。

川村●日本では四季がはっきりしていて、春は山菜——フキノトウから始まって、ゼンマイ、ワラビ採りなどがあって、秋ならキノコや山のクリを採るというサイクルがありましたね。私の祖母も春にはいろいろな山菜を採ってきたものです。

山田●日本の雪国では、春は野菜がもっとも不足する時期です。そういうときに山菜を利用するかたちで、栄養を補ってきた歴史があります。保存した食料も切れかけている時期の食べ物として、試行錯誤のなかで山菜類が見出され、伝統食になっていったと思います。

小磯●日本では、季節に合わせて食べるものをかなり変えますね。夏は体を冷やすものを食べて、冬は体を温める根菜類が増えます。インドでもアーユルヴェーダ[7]という医学体系があって、夏の暑いときには体を冷やすことのできる食べ物をいかに摂るかなどが考えられています。アーユルヴェーダの特別な知識がない普通の主婦

---

[7] インドの伝統医学で、病は身体を構成するピッタ、バータ、カパという三つの体液の平衡がくずれた状態と捉え、病の治療は三体液の平衡を戻すことを主眼とする。また、身体の状態は宇宙というマクロコスモスの影響を受けると考え、健康な状態は、マクロコスモスのリズムに合わせたバランスのいい食事を摂取して三体液の平衡状態を保つことによって維持されると考える。

でも、「暑いときに熱いものを出すなんてとんでもないことだ」と考えるように、普通に生活のなかに入りこんでいます。日本人のようにこだわって「これを食べたい」というよりも、健康を考慮して食べている。「冬にはキュウリなどは体を冷やすから食べない」、「子どもにヨーグルトをたくさん食べさせると風邪をひかせてしまう」といった知識がたいせつとされています。

ロバーソン●アジアでは、食べ物は直接健康に関係するという話がありますが、私が大学生、大学院生のころ、アメリカではマクロバイオティックス[8]がすごくはやりました。

小磯●日本でもはやりましたよ。日本が発祥だと思います。

ロバーソン●マクロバイオティックスは、ホリスティック[9]と同時にはやっていたのですが、直接日本から影響を受けて発達したのだと思います。そもそもアジアでは、食べ物について、味だけではなく、体全体のバランスと健康への意識が強い気がします。沖縄の方言には「ヌチヌグスイ（命の薬）」という言葉がありますし、韓国料理でも食を薬として考えると読んだことがあります。薬としての食べ物という考え方はおもしろいと思いましたね。

バイヤー●韓国には、国旗[10]の色を模した皿があって、宇宙のバランスや陰陽などの思想に基づいて、それぞれの色のところに野菜を入れた食事があります。八卦や陰陽五行の思想に由来する料理もありますね（写真3）。

ロバーソン●日本語には薬草ということばもあって、やはり薬と植物とが結びついている。

---

[8] 第二次大戦前後に桜沢如一が考案した玄米菜食、自然食を主とし、肉類、卵や乳製品を食べないという日本的菜食主義ともいえる食事運動。欧米にも禅などの東洋思想と組み合わせたかたちで拡がり、多くの地域で実践者がいる。

[9] 人間の「からだ」を肉体、精神、心までもが相互に関係しあう総体として捉え、病の状態を病理学的な身体不調としてのみ捉えるのではなく、精神、心までも含めた身体のバランスが欠けた状態というように、常に全体的に捉える立場をさす。

[10] 韓国の国旗は陽と陰を表す赤（円の上側）と青（円の下側）から成り立っている。

▲図1〈左上〉
八卦
古代中国から伝わる易における八つの基本図像。この組み合わせが64卦で、自然界・人間界のあらゆる事物・性情を象徴するとされた

▲図2〈左下〉
韓国の国旗
八卦のうち「乾坤坎離」の卦がデザインされている

◀写真3〈右〉
**九節板
（クジョルパン）**
皿の形は八卦の思想に基づくとされ、陰陽五行説の木火土金水に由来する色の料理が並ぶ

川村●正月のあとに食べる七草がゆも、健康観とかかわるのでしょう。

小磯●セリ、ナズナ、ゴギョウ、ハコベラ、ホトケノザ、スズナ、スズシロですね。

山田●日本をはじめインド、チベット、ラダック、中国には東洋医学の伝統があって、薬とはどのようなものかという知識があり、そのなかから食習慣が生まれてきていると思います。医者の知識を普通の人がもつわけではありませんが、「こういう食材をこの季節に」という知識が一般的な健康法として浸透している。それに医学的な根拠があるのかというのは、別の問題ですが。

川村●呪術的なものかもしれないですね。

山田●アフリカのピグミーの人たちの食物規制を扱った論文で、人の成長段階に合わせてこの肉を食べてはいけないといった、彼らの論理に基づく細かいタブーが存在することが明らかにされています。すごく類推的なものですが、たとえば、ギャラゴ[11]という目の大きいサルの肉を食べると目が大きい子どもが生まれるので妊娠中は食べないといった話がたくさんあります[市川1977]。

---

[11] 原猿亜目ロリス下目ギャラゴ科デミドフ・ギャラゴ（*Galago demidovi*）、アフリカ中央部のイトゥリの森に生息する原猿類。

旬を尊び、季節ごとに食を大きく変える日本

ロバーソン●個人的な印象ですが、日本はアメリカよりも、季節によって食べるものが大きく変わるように思います。もちろん、アメリカでも寒い冬にはスープやシチューが多くなりますが、日本ほどではありません。ルイジアナ州では、一年中ガンボを食べています。

小磯●日本では、初鰹やアユなど、その季節のものを食べないと損したような気がするということがありますね。季節ごとに旬の食を食べることに意味を見出している。

川村●たしかに、春になれば筍ご飯を食べ、秋になれば栗ご飯を食べて季節を感じる。体にいいのかどうかわかりませんが、そういうものを食べることで心が和らぎ、信仰とまでではなくても、感謝の気持ちが生まれるのではないでしょうか。

小磯●生活の楽しみの一つになっている。

小西●しかし、日本人すべてが旬を知っているわけではありません。スーパーなどで「いま旬です」と書いてあることで知って買う人が多いかもしれない。そういう情報に接するうちに、春は山菜がおいしいとか、秋はサンマとか、いつのまにか知ることも多いですね。

小磯●自分でとってくるわけではないですからね。

バイヤー●ヨーロッパのスーパーでは、「いまはこの季節なのでこれを買ってください」ということはあまりない。季節に合わせて料理をつくろうというみんなに共通する考え方もありません。日本では、その考えはかなり共通しています。新聞などにも掲載されるし、料理をつくるだけではなく、それについて考えたり、話したりする。

　ドイツでは、季節ごとに少しは料理が変わるかもしれませんが、あまり考えているようにはみえません。重要な文化の楽しみだとは思わない。北ヨーロッパと地中海地域という地域で少し違いはありますが、スーパーの商品は一年中変わらないですね。

ロバーソン●アメリカで少しだけ変わる例をあげるとすれば、秋の収穫後の感謝祭には七面鳥が欠かせません。七面鳥は秋の食べ物で

▶写真4
感謝祭の食・七面鳥
感謝祭には「七面鳥の日(Turkey Day)」という異名もある

す。11月末ごろには平均10ポンドぐらいに太るので、オーブンで焼いて、クリスマス、新年までのあいだ、ずっとこれを食べます。もう一つがトウモロコシです。

　旬と言えば、日本に来ておもしろいと思ったことの一つに、日本人のボジョレー・ヌーボーへのこだわりがあります。

小磯●消費者が乗せられているのですよ。世界で最初に飲めるというところに重きを置いている。

山田●日本人は何でも初物が好きなんですね。(笑)

味の違い・食習慣の違いを生む地勢の差

山田●日本人には、魚は新鮮であることがおいしいという考えが、一つのスタンダードとしてかなり共通してあると思います。とくに北陸は漁場が近く、実際に漁をしている場所なので、「魚がおいしい」というイメージがありますね。北海道や九州の長崎などもそういう印象がある。日本人の食には「新鮮さ」へのノスタルジーが結びついているのかもしれません。

川村●あるかもしれないですね。じつは「魚がおいしい」というときには、酒とセットになっています。お酒のつまみのことを「酒菜(さかな)」と書くくらいです[12]。富山県には立山があり、石川県には白山があっ

[12] 食と文化を考えるうえで、大塚滋著『食の文化史』(1975年)は興味深い内容が満載であり、依然として優れた入門書である。

ておいしい水があり、おいしい地酒もあります。

山田●魚について興味深いなと思ったことの一つが、おいしいと感じる魚の種類には、地域差があることでした。北海道には魚がおいしいイメージがありますが、私にとって北海道の魚はとても脂っこく感じます。

小磯●寒いところだから。ホッケなどがそうですね。

山田●私は名古屋生まれで、関西での生活も長かったので、伊勢湾の魚や瀬戸内の魚を食べてきました。どちらも淡泊な魚なので、北海道の魚は口に合わないというか、やはり瀬戸内や伊勢湾の白身のおいしい魚を食べたいと思ったりしました。

小磯●魚も地域によっていろいろあるのですね。

川村●日本で魚というときには、海の魚だけではなく川の魚もあって、一概に同じとはいえません。ヨーロッパでは川魚を食べますか。

バイヤー●いろいろな川魚を食べますよ。

山田●サーモンやトラウトがありますね。

川村●私が小さいころに食べた魚で憶えているのは、父親がよくとってきたフナのような魚です。当時の石川県の南部では川魚をけっこう食べていましたが、いまではあまり口にしません。

小西●石川県では正月にフナを食べる習慣があると聞きましたが。

川村●食べましたね。寒ブナといいます。かつては梅雨などで雨が降って洪水のようになると、ウナギなどが田んぼの中まで入ってくることがありました。小川と田んぼがつながって、食と農作業が一体化している感じでした。耕地整理され、曲がった川岸がすべてコンクリートで固められたので、川魚は少なくなりましたね。

山田●フナを骨も全部食べられるみそ煮にする料理はありましたか。名古屋の近くでは、木曽川や長良川など川や池がたくさんあって、フナやコイなどの川魚もよく食べます。骨もすべてトロトロになるまでみそで煮込んだ料理を母がつくっていました。

川村●石川県にはなかったような気がします。

小磯●甘露煮みたいにはしませんでしたか。

川村●それはあったかもしれません。

小磯●貴重なタンパク源だったのですね。

小西●伝統的な食では、環境とのかかわりで食材が決まる面がありますね。とくに日本の食には、山や海や川という環境とのかかわりが大きく反映していると感じます。

バイヤー●ヨーロッパでも、海や川に近い地域では魚をよく食べます。ドイツでは、とくに海が近い北部では海の魚をよく食べますが、南部は山ばかりで、川魚しかいません。

ロバーソン●アメリカもそうです。海岸沿いの地域や川があるところでは、魚を食べる文化がすごく重要になっています。

バイヤー●ニューオリンズは魚料理が有名ですね。

ロバーソン●ニューオリンズのあるルイジアナ州は、「フィッシャーマンズ・パラダイス」と呼ばれます。川もあるし、メキシコ湾に出れば、いろいろな魚類がとれる。ルイジアナ州でもっともおいしいと思われる食べ物に、キャットフィッシュ、ナマズがあります。東京出身の妻は川の魚は臭いといって食べませんが、ルイジアナ州南部の食はナマズなしではあり得ないくらいです。

小磯●どんな料理にするのですか。

ロバーソン●いろいろな調理法がありますが、スパイスをかけたりして、フライにするのがおいしい。

山田●名古屋や、木曽川や揖斐川などに囲まれた水郷地帯でも、ナマズを蒲焼にして食べます。ウナギのように蒲焼にすると、とてもおいしい。

小西●スパイスや濃い味つけというのが興味深いですね。肉にしても魚にしても、いかに臭みを消すかが工夫されている。

ロバーソン●西洋の人たちは肉だけを食べているといわれますが、魚もけっこう食べています。しかし、食材の新鮮さに対するこだわりという点では日本は特別ですね。

ローカルからグローバルに拡がるコメとその調理法

バイヤー●私は普段は和食がメインで、パンはあまり食べないですね。腹もちがいいので、パンより絶対ごはんがいいです。でも最近、子どもたちと外食をするときは、2歳と4歳なのでオムライスなどを食べるとめちゃくちゃになってしまうから、パンを食べています。

小磯●ドイツではパンを食べていたのではありませんか。

バイヤー●ドイツではパンも食べていましたが、炊飯器もありました。

小磯●昔からお米が好きだったのですね。

バイヤー●ドイツ人はストーブやコンロでごはんを炊きますが、私は炊飯器なしでごはんを炊くことはできないので、220ボルトで使える炊飯器を探して買いました。

山田●コメを栽培化できたことは、画期的なことなのです。コメはコムギに比べて栄養価が高く、日本人がコメだけを食べていてもだいじょうぶだったのは、さまざまな栄養素が入っていたからだということが、栄養学的分析の結果からも示されています。バイヤーさんが腹もちがいいとおっしゃるのはそのとおりで、ムギ食品、パンの場合はすぐおなかがすいてしまうという話をよく聞きます。

バイヤー●炊飯器のテクノロジーというのもおもしろいですね。最近、金沢に引っ越すために家電量販店で炊飯器を買いましたが、細かくいろいろな種類がありました。

小磯●「かまど炊き」などもありますね。

バイヤー●家電量販店のレジには、中国の方が多く並んでいました。日本のコメを炊く技術はすごくて、世界中かもしれませんが、とくに中国人が日本の技術を認めて、求めているという印象です。

小西●中国の知人がコシヒカリを食べたいというので持っていって、中国の炊飯器で炊いたことがありますが、水加減が悪かったのかおいしく炊けませんでした。品種に合わせた炊き方の技術が重要だと思いましたね。

山田●日本の炊飯器はブランドとして広まっているので、中国に出かける人がお土産を何にするかと中国の人に尋ねると、「炊飯器を持ってきて」といわれるそうです。「炊飯器を持って旅するなんて！」と、私は思ってしまいますけど。

小西●中国の北部では粉食が主ですが、南部ではコメが多く食べられるので、南のほうの人は炊飯器を喜ぶ印象がありますね。

小磯●同じようなことがインドでも起こっています。インドの人は、本来は湯取り法[13]で炊いたパラパラのご飯が好きですが、最近では南インドで電気がまが普及しつつあります。

川村●湯取り法というのは、スペインのパエリア[14]と同じ炊き方ですか。

山田●パエリアは生米を炒めてからスープで煮る。

小磯●サフランなどを入れて煮ます。おいしいですね。

「食料を保存する」という行為から世界をみる

塩蔵、乾燥、発酵、燻煙……──保存法にみる地域差

ロバーソン●日本の保存食の一つにみそがありますが、地域によって違いますね。たとえば名古屋のほうは……。

山田●赤みそです。

本康宏史●私も愛知県生まれで、八丁みそ、赤みそで育ったので、白みそのだし、こうじみそを使う金沢に来たときにはすごいショックでした。下宿のまかないでしたが、めちゃめちゃ味は薄いし、コメ

---

[13] 水によく浸したコメを多量の水で煮て、沸騰後にザルに上げるなどして重湯を取り、それを蒸籠などに移して蒸らす方法。重湯は捨てられることはなく、蕎麦湯のように食後の飲用にされたり、ほかの料理に活用された。また、江戸時代以前にはこの方法で炊いた米を干して携帯食の干し飯とした（炊きすぎたコメを保存のために煎って干す方法でつくられる干し飯もある）。日本では江戸時代までは炊き干しと湯取りの二つの方法が併存していたが、しだいに炊き干し法が優勢となり、湯取り法は廃れた。

[14] スペインを代表する、野菜、魚介類、肉を炊き込んだコメ料理。コメや具材を油で炒めてからスープで煮る点に特徴がある。

が入っているし、こんなものは絶対飲めないと思って、初めはぜんぜん受けつけなかった。

ロバーソン●みそを開発した背景には、味だけではなく、保存できる、長もちするということがあったのですか。

本康●納豆とみその違いに、納豆はそのまま食べることができますが、みそは必ずしもそれだけを食べる人がいないことがあります。みそは味つけ、調味料としての利用が主となるので、ほかの保存食とは目的が違ってきています。

小磯●大豆[15]はそのまま茹でたり煮たりしただけでは臭みがあるといって、インドなどでは受け入れられません。あれだけ豆の消費が多い国ですが、何かに加工しないと無理なようです。

山田●日本では、一つはみその方向に、もう一つは豆腐や納豆に加工して食べる方向に発達しました。

ロバーソン●それは中国や韓国など、大陸からの影響でしょう[16]。

山田●日本の保存食には、塩蔵、乾燥、そして発酵が多い。ヨーロッパでは酢で漬けるものがたくさんあるようですが、日本では、ラッキョウはあっても酢漬けは多くはない。また、塩は貴重だったので、昔は塩蔵はそれほど多くなかったと考えられます。江戸時代には、製塩法を各藩が秘密にして、その技法をほかの藩には知らせないようにしていたこともあります。

　塩を使わずに保存するとしたら乾燥保存になりますが、その代表格は干しゼンマイですね。採れたゼンマイを一度茹でてから揉んで日干しして、また揉んでは日干ししてというように、何日も手間を

---

[15] 大豆には、トリプシン・インヒビターなどの消化を妨げる成分が多く含まれるので、納豆、みそなど、これを分解して利用する方法が発達したと考えられている［吉田 2000］。

[16] 大豆の栽培起源地は特定できていないが、候補地は中国の東北地方、華北・華中地方、黄河中下流域、江南地方、雲南地方、そして朝鮮半島とされる。日本に伝わったのは、縄文後期から弥生時代にかけて、イネといっしょに中国からもたらされたと考えられている［横山 2014 : 29］。

▶写真5
かぶらずし
かぶらに切り込みを入れてブリやニンジン等を挟んで発酵させたなれずしの一種。石川県加賀地方の特産品

かけてつくられます。もともとかたい繊維が、こうすることでやわらかくなります。

　発酵による保存では、味噌、醤油、コメと魚を漬け込んで、乳酸発酵で魚を保存する「なれずし」というものがあります。石川県の「かぶらずし」(写真5)、滋賀県の「ふなずし」は有名ですね。

ロバーソン●アメリカ人が考えるすしというのは握りずしですが、それは新しいものなんですね。

川村●なれずしは魚醤[17]と似ています。魚醤は秋田ならショッツル、能登だとイシリやイシル、ベトナムだとニュク・マム、タイだとナン・プラーと呼ばれますね。世界中に魚を発酵させる文化があって、汁であれば魚醤になるし、魚はなれずしになりますね。

小磯●ドイツには魚を発酵させたものがありますか。

バイヤー●漬け物はあります。おそらく150年前ごろ、ドイツが産業化したときに初めて食べ物産業でつくられたもので、漬け物の魚や野菜を缶詰めやビン詰めにして売っていました。当時の有名な政

[17] 魚介類を塩漬けにして、発酵・醸成させて出てくる汁を濾過してつくった調味料。発酵によって生じる特有の香りとうま味が特徴である。東南アジア、東アジア沿海部に広くみられ、タイのナン・プラーやベトナムのニュク・マムは料理の味つけに欠かせない。

治家、ビスマルクの名前を冠した「Bismarck Herring[18]」という名前のビンに入ったニシンの漬け物が、現在でも売られています。

川村●どんなときに食べるのですか。

バイヤー●普段も食べますが、祭りのときも人気があります。ポテトサラダと漬け物の Herring（ニシン）が出てきて、ビールを飲む。

ロバーソン●ヨーロッパでは日干しはありますか。

川村●煙干しした燻製はあるでしょうね。

バイヤー●スモークしたサーモン、ソーセージ、チーズもあります。

山田●日本でも簡単な燻製器が流行していて、自分でいろいろなチップを買って燻製にしています。

ロバーソン●戸外で日に干すのとはまた違いますね。

独自の工夫で
季節を超える
世界の**漬け物**

ロバーソン●子どものころの思い出の一つに、スコットランド出身の母方のおじいさんが魚を生で食べた話があります。第一次大戦に参加していた彼は、その戦争がどれほどたいへんだったかという話はあまりしませんでしたが、食べ物がなく、火をつけることもできなくて、生きるために魚を生で食べたと話してくれて、私たち子どもを驚かせました。つまり戦争中だから、生でも我慢して食べたということだったのです。しかし時代は変わって、いまではアメリカやヨーロッパでも、すしや刺身を食べています。

川村●私の家では、生の野菜はあまり食べませんでした。夏のトマトやキュウリはよく生で食べた気がしますが、その他の野菜はたいてい煮たり茹でたりして出されました。

---

[18]「ビスマルク・ニシン」の名前は、ドイツ北東部シュトラールズントで、妻のつくった酢漬けニシンを店で売っていたウィークマン（Wiechmann）に由来する。彼はビスマルク（Otto von Bismarck）に心酔しており、その誕生日に酢漬けニシンを一樽贈った。ドイツ帝国が成立したときにも酢漬けニシンを一樽贈り、このとき彼はビスマルクの名前を酢漬けニシンの商品名にしてよいかと尋ね、ビスマルクが承諾したので、以後は「ビスマルク・ニシン」と呼ばれるようになった。

▲写真6〈上左〉
韓国のキムチ壺
塩漬けした白菜などに唐辛子、ニンニク、魚の塩辛や果物などを合わせたヤンニョムをまぶし、壺で本漬けする。乳酸発酵により二酸化炭素などのガスが発生するため壺のふたは密閉されていない

◀写真7〈上右〉
韓国のキムチ
乳酸発酵による絶妙なうまみと酸味のバランスをもつ。韓国の食堂やレストランでは、料理のつけあわせとして無料で提供されることが多い

小磯●肥料や寄生虫の問題もあったのではないですか。生野菜を食べるようになったのは最近です。インドでは基本的に生野菜、サラダをあまり食べません。食べるとしても、みじん切りにして熱い油をジャッとかけて、半分火が通ったようにする。トマトとキュウリ、タマネギを生で食べるぐらいです。

山田●生で食べる野菜のほとんどが、高度成長期以降に新しく入ってきた野菜で、在来の葉もの野菜は漬け物にしての利用が中心だったと思います。もちろん、収穫した時期には汁の具にしますが、日本のいわゆる農村の食生活では、いかに冬を乗り越えるかが重要です。日本の食文化のもう一つの大事な特徴は保存食文化という点ですね。

川村●農家だと、みんな北向きの暗いところに漬け物樽がありました。そこで漬け物や梅干しをつくる。それは主婦の仕事、女性の仕事でしたね。

山田●昔の家では漬け物桶を置いておくいい場所が確保されていました。いまのマンション暮らしとかになると、漬け物桶を置く場所がなかなか確保できないこともあって、漬け物がつくれなくなっている。

小磯●韓国では、マンションでもキムチ（写真6、7）の壺を置く場所がありますね。

バイヤー●キムチというと、白菜にトウガラシ[19]がついたものだと考えがちですが、キムチはもともと韓国語で「漬け物」という意味で、なんでもキムチです。辛くなくてもキムチで、この100年ぐらいのあいだに韓国料理はだんだん辛くなったと聞きました。

川村●中国東北部でも、漬け物が食べられていますね。晩秋に訪れたとき、白菜を山のように積んで、荷馬車などで運んでいるのをみかけました。

小西●中国東北部では冬の気温が低いから、漬け物桶を屋外に置いておいても、まったく問題がない。

小磯●日本の漬け物は菜っ葉などが中心ですが、インドではマンゴーのピクルスやライムのピクルスで、油を使って漬けます。暑いところなので、油と香辛料、スパイスで味をつけた漬け物。地域によって漬け物のイメージはぜんぜん違います。

山田●チャツネ[20]とは別のものですか。

小磯●チャツネは漬け込まずに、もっと新鮮な状態で食べるものですね。油で漬ける漬け物には最初は抵抗がありましたが、慣れるとそれも大事な味になってきます。

山田●保存食は農耕の収穫のサイクルと関係していて、収穫時期にはいかに収穫物を保存するかというテクニックがいろいろ出てきます。

川村●昔は冷凍技術が未発達でしたから、生活の知恵の一つとして保存食がありました。ヨーロッパではチーズなどの発酵食品があり

▲図3
産業化以前のドイツにおいてザワークラウトを地下に保存していた状況がうかがえるイラスト

---

[19] トウガラシは、16世紀半ばごろポルトガル人によって伝来されたといわれ、朝鮮半島には16世紀末に日本経由で伝えられたといわれる［高橋1994］。

[20] マンゴーなどの果物や野菜にさまざまな香辛料、酢、砂糖を加えて煮詰めたもの。カレーなどの薬味に用いられる。

ますね。

バイヤー●ドイツでは、ザワークラウト[21]という発酵したキャベツの漬け物が有名です。冬には毎日毎日それを食べましたね。

小磯●ブルガリアでもいま保存食が人気があって、とくに農村のおばあちゃんの味として、すごく注目されているとブルガリア人に聞きました。野菜や木の実など、さまざまなものを全部瓶詰めにするそうです。

本康●ジャムも保存食といえそうですね。

山田●たとえば、シベリアのサハでは、秋にスグリなどのベリー(漿果類)を必死で採って、砂糖で漬けて、保存しています。これは冬のあいだの貴重な食料で、ヨーグルトといっしょに食べるのが伝統食となっています。

> 資源利用期間を延長する世界の多様な保存食

山田●季節が限定される資源・食材を長期間食べられるようにすること、それが保存食の始まりでしょう。カナダ北西海岸の先住民の人たちはサケを燻製にしますが、スモークサーモンもそれが始まりかもしれません。

本康●サケは新潟県の村上市や、富山県でもけっこう保存しますね。川に遡上してきたサケの内臓を取って、冬の冷たい風に当てて陰干しにするのをよくみます。

山田●北海道のアイヌの人も、サケをいろりの上の棚に置いていぶしたり、軒下に吊して乾燥させたりして干し鮭をつくって食べています。

ミクロネシアの島ではブレッドフルーツツリー[22](写真8)という木がありますが、この果実(写真9)を保存します。

---

[21] ドイツのザワークラウト(キャベツの漬物)は、産業化以前には各家の地下に保存されており、このようすがうかがえるイラストが残っている(図3)。

[22] *Artocarpus altilis* Fosb. パンノキ。プンラップ島で栽培されていたパンノキは、果実に焼きたてのパンのような香りがあり、このような英語名があることにとても納得したことを思い出す。サンゴ礁のこの島において、ココヤシを除き、高木となる唯一の木本類であり、カヌーの船体をつくる重要な材となっていた。

◀写真8
ブレッドフルーツツリー（パンノキ）
タロイモ畑の周囲に植栽されているパンノキ。手前に見えるのがパンノキの葉

▲写真9
パンノキの果実

小磯●パンノキですね。

山田●果実の収穫時期が決まっているため、その果実を土の中に埋めて保存する。少し酸っぱく発酵しますが、それを調理して食べる。ミクロネシアは根栽農耕文化圏に属する亜熱帯地域で、保存食なんてほとんどない、いらないといえますが、プンラップ島ではパンノキの果実は季節性があって、保存して利用していました（33ページからの論考参照）。

　プンラップ島ではタロイモが主でヤムイモはほとんど利用されていませんでしたが、タロイモの場合は植えつける時期を変えて、少しずつ収穫時期をずらすことでほぼ1年中採れるようにしていました。それでも、どうしても端境期が出てきます。そういうときには、貯蔵したパンノキの果実を取り出して食べる。保存というのは環境に合わせて資源利用の期間を延ばすという意味で重要なものといえます。

ロバーソン●せんべいも保存食みたいな感じで、長くもつのでしょう。

小磯●おかきはそうですね。かき餅といって、お餅を細かく切ってあられにしたりします。また、干し飯といって、コメを炊いて残ったものを日に干して、煎って携帯食にしたようです（23ページ注13参照）。「干し飯を持って防人に出た」と『万葉集』にも載っています。

山田●もともとおかきは、お餅の残りを切って干したところから始まっているのではないでしょうか。私の母はいつもお正月あけには残ったお餅で、かき餅をつくっていました。

本康●能登や白山麓などでは「しみ餅」といって、お餅を切って干したものがありますが、これもやはり保存食ですね。

川村●わらで編んで、吊るしたものもよくありますね、田舎には。

本康●豆腐もそうで、白山麓には「堅豆腐」というのがあります。

川村●加賀地方には「かきもち」があります。

山田●正月にはお餅をたくさん供えるわけですが、一回では食べ切れず、そういうかたちで保存する。

小西●たとえば100年前の梅干しがみつかったという話がたまにありますね。そういう本来の意味での保存食がある一方で、現在は梅干しでも賞味期限2か月のものなど、保存をあまり意識していないものも流通しています。冬を乗り切るために保存するという本来の目的が、失われてきている印象を受けます。

本康●昔は冬には食料がないし、日照りなどが頻繁にあったから、保存食はそのための生き延びる工夫でした。これがあれば、現代において災害が起こったときにも生き延びることができます。そういう視点で保存食の伝統をつなげていけるかもしれないですね。

バイヤー●もう一つ、私たちは産業化以前から伝えてきたものを伝統的だと考えますが、伝統には「新しい伝統」と「古い伝統」が混在している。いつから伝統が始まるのかも考えてみると興味深いですね。たとえばドイツのニシンの漬け物は産業化以降のものですが、すでに伝統的な食事になっています。

山田●もともと家でつくっていたものが産業化されて、広く流通するという流れがありますね。多様な食のありようや食に対する考え方、また調理法や保存法を切り口に世界をみることは、地域の特性や差異、さらには逆に地域を越えた拡がりや変容など、さまざまなかたちで世界を捉えるヒントを与えてくれると思います。

参考文献

市川光雄（1977）「"kuweri"と"ekoni"――バンブティ・ピグミーの食物規制」伊谷純一郎・原子令三［編］『人類の自然誌』東京：雄山閣、pp.135-166頁。

高橋保（1994）「アジアを中心としたトウガラシの生産と伝播の史的考察」『アジア発展研究』2：75-115（国際大学アジア発展研究所）。

横山智（2014）『納豆の起源』東京：NHK出版（NHKブックス）。

吉田よし子（2000）『マメな豆の話――世界の豆食文化をたずねて』東京：平凡社（平凡社新書）。

「食」の比較文化学にむけて
人−自然関係の人類史と民族誌から

山田 孝子

1 多様性の基盤としての食——地域間比較から考える

　今日、スーパーマーケットには、原材料から加工品までさまざまな食材が売られている。そこでは私たちはパッケージされた商品を購入し、調理して食べることが多い。しかも、私たちの生命が食物をとおしてバランスよく摂取する栄養素によって維持されるという当たり前のことも忘れがちで、偏った食物で済ますことさえある。

　「食べる営みがどういうものであるのかをトータルに理解している人はごく少なくなってきている」と佐藤洋一郎も述べているが(佐藤 2016: ii–iii)、私たちの目にふれる多様な食材には、人類(ヒト)誕生以来の歴史のなかで生み出された英知が詰まっている。食材を含め、あらゆる「もの」があふれすぎる現代社会の状況はこのまま突き進んで良いのであろうか。佐藤は、「未来における人類の食のあり方は……今までの人類の生業の成り立ちや今にいたる経験を理解せずには答えを出すことなど不可能であろう」と述べる(佐藤 2016: iv–v)が、筆者も食をはじめ現代生活のありように対して、同じ思いを常々もってきた。

　人類史を振り返ってみれば、私たち現代人の祖先❶は、DNA分析と化石人類の研究から、20万〜10万年前にアフリカに誕生し、約7万〜6万年前にアフリカ大陸を出て世界中に拡がったと考えられている。私たちの祖先は、3万年前頃にはシベリアそして日本列島に、1万5,000年前頃にはベーリング海峡を渡りユーラシアから北アメリカに進出し、1万2,000年前には南アメリカ南部までというように世界中に拡散したことが知られる(篠田 2007: 41, 50, 58)。自然の動植物を「食」として利用することから出発した私たちの祖先は、狩猟・採集・漁撈という食料獲得手段を工夫し、動物の毛皮をなめして防寒に適した衣服を考案し、厳寒の極地にも生活圏を拡げてきた。

　1万年前頃になると、動植物を人間が管理して食料を生産するという農耕や牧畜による生活が誕生するようになる。野生動物を家畜化し、野生植物を栽培化するというドメスティケーションによる生活様式の転換が生まれ、人

❶人類学の専門用語では「新人」と呼ばれる。

類は穀類やマメ類、乳製品というそれまでにない新たな食材を手に入れたのである。

人類史にみる狩猟・採集・漁撈から農耕や牧畜という生計手段の転換は、人－自然関係を大きく変えてきた。民族誌をとおして、植物の栽培化、動物の家畜化という新たな生計戦略の登場が人類社会の「食」❷を変容させたことを読み取ることができる。今日でも、食料調達の開発には終わりがなく、人工的環境のもとでの栽培やマグロの養殖というように、進化し続けている。

「食」をめぐる比較文化学は、食材とその調達法をはじめ、料理、マナー、信仰とタブー、社会性など、多様な視点から取り上げることのできるテーマを含む。本稿では、人類が狩猟採集から農耕、牧畜という生計手段の転換のもと、食料調達をいかに効率よく発展させ、文化の基層を作り上げてきたのかについて、比較の視点から考える。つまり、人－自然関係の人類史を振り返り、地域間の比較を行うことで、「食」が作り上げた文化複合❸が今日もなお文化の多様性の基盤となっていることを明らかにする試みである。

2 狩猟採集社会における「食」

では、狩猟採集社会ではどのような暮らしが営まれてきたのか。文字どおり狩猟、漁撈、採集とは、自然の動植物を直接食料として獲得し利用する生計である。1万年前までは、地球上の人類はすべて狩猟採集民であったわけである。従来、人類進化史の文脈からも、狩猟採集民の主要な生計は「狩猟」であると考えられてきた。しかし、1960年代以降、熱帯狩猟民、北方狩猟民など世界各地の狩猟採集民の生態人類学的研究が進むなかで、狩猟採集民の生計手段は環境条件により多様性に富むことが明らかにされてきた。

---

❷ ここでは、「食」を食料の獲得から消費にいたる人類のあらゆる営みを含む文化複合を表す包括的用語として用いる。

❸ 相互に直接の関連性が見いだせない文化要素が、実際には同一の分布領域をもつ場合に、それらが一緒に伝播したものと考える概念として生み出されたもの。ここではこの概念を援用し、構成する諸要素が相互に緊密な機能的関連性をもつ複合体としての文化を表す用語として用いる。

緯度に応じて異なる主要な生計手段

　狩猟採集民の主要な生計手段は、緯度に応じて異なっていた。たとえば、低緯度の熱帯・亜熱帯地域の狩猟民では、採集が生計活動の60％以上を占めている。熱帯アフリカの狩猟採集民で、キリン、ゾウなどの大型動物のハンターとして知られるカラハリ砂漠に住むサン❹、オーストラリア中央部の半砂漠地帯に住むアボリジニのアランダやワルビリなどの場合では、採集が70％で、狩猟は30％を占めるに過ぎない(Lee 1968)。とくに、カラハリ砂漠に住むサンにとっては、野生スイカの採集・利用が非常に重要な生計活動となっている(池谷 2014)。コンゴ民主共和国(旧ザイール共和国)のイトゥリの森という熱帯森林に住むムブティ・ピグミー、オーストラリアの北部準州の湿潤な地域に住むアボリジニのティウィやムルンギンの場合でも、採集が60％、狩猟が30％、漁撈が10％である。熱帯狩猟民はハンターというイメージが強いが、実際には、狩猟よりも採集に大きく依存した生活を送っている(Lee 1968)。

　一方、中緯度の温帯・冷温帯地域をみると、たとえば、アメリカのカリフォルニア州の温帯林地域に住む先住民では、採集40％、狩猟が30％、漁撈が30％となっている。これに対し、冷温帯地域になると、たとえば、カナダのブリティッシュ・コロンビア州の太平洋岸地域に住む先住民では、採集が20％、狩猟が30％であるのに対し、漁撈活動は50％と比重が大きくなる。狩猟への依存度は緯度とともに高くなり、高緯度の寒帯・亜寒帯地域となると、たとえば、カナダの北西準州の極北狩猟民コッパー・イヌイット❺では、採集が0％、狩猟が55％、漁撈が45％となる(Lee 1968)。

集団組織化にみる多様性

　狩猟採集民において、主要生計手段の違いは集団構造の違いをもたらすことになっている。熱帯狩猟民や寒帯狩猟民は、①季節的移動性の高い生活を

---

❹ かつて、カラハリ狩猟民の総称としてブッシュマンが使われたが、蔑称ということで、近年サンという名称が使われる。言語の違いにより、クン、グウィ、ガナ、ナロなどの民族に区別される。

❺ カナダではツンドラ地帯の先住民の民族名として「イヌイット」を使用する。アラスカでは、「エスキモー」を共通の包括的民族名とし、各言語集団は、「ユピック・エスキモー」、「イヌピアック・エスキモー」などと自称する。

おくり、②離合集散性が高いが、狩猟活動における共同猟の必要性から家族を越える集団間連繋が不可欠であり、③集団の規模が小さい100人程度のバンド❻社会を形成する。

たとえば、カナダ北極海沿岸地域に住むネツリク・イヌイットでは、アザラシの呼吸穴猟で共同猟が効率的となる厳寒の冬には、厚い氷で覆われたペリー湾上のキャンプ地に数バンドが集まって暮らすが、春が近づくとともに分かれ、岸辺へと移動し、北極海の氷が割れる春になると沿岸のキャンプ地で、氷上で昼寝をするアザラシを狙って暮らす。盛夏には内陸の河川域に移動し、梁(やな)を使って川魚を捕り、秋になるとさらに内陸のキャンプ地に移動し、カリブー猟を行う。晩秋になるとともに再び冬のキャンプ地へと移動を開始し、その途中のキャンプ地で、薄氷の張った川で魚をとって暮らす。それが終わると再び冬のキャンプ地に

▲写真1 カナダ太平洋岸のプリンスルパートの市中に立つトーテム・ポール

戻るというサイクルで、1年を移動しながら暮らす(Balikci 1968)。

また、中央アフリカのムブティ・ピグミーでは、狩猟シーズンには共同の網猟のためバンドのメンバーが集まって暮らし(原子 1977)、カラハリ砂漠に住むサンの人たちは分散性が高く、離合集散を繰り返すことが知られる(田中 1971)。カラハリ砂漠では、水場と植物性食物の季節性という生態学的条件によりキャンプの移動が規定され、雨期には集合し、大型獣を対象とする共同狩猟が盛んであったといわれるが、現在ではヤギやウマを飼い、スイカの栽培も行う。

一方、冷温帯や温帯地域の狩猟民では、定住性の高い生活が可能となっている。たとえば、カナダ太平洋岸の先住民はトーテム・ポール(写真1)を集団の

---

❻ 狩猟採集民社会に一般的にみられる遊動的居住集団で、家族単位の小集団に離合集散を繰り返しながらも複数の家族が集まった、40～100人で構成される帰属意識を共有する社会集団を指す。バンドを基本単位とする社会をバンド社会と呼ぶ。

シンボルとして製作することで有名であるが、彼らは、北海道アイヌと同じように、秋に河川に遡上したサケを大量に捕獲して燻製保存することにより、ほぼ翌年の春までの食料の確保を可能にしている。このため、冬の村と夏の村という年間の住み分けを行うだけとなり、狩猟採集社会としてはユニークなポトラッチという儀礼的大量消費❼を行い、集団規模も大きく、社会的階層の区別がみられる首長制社会を形成していた(Suttles 1968)。

　また、縄文時代の日本においてドングリ類が主要な食料の一つとなっていたことと同じように、温帯にある北アメリカのカリフォルニア先住民では、落葉広葉樹の野生ドングリ類が重要な食料源となっており、人口がドングリ類の採集、利用に支えられていた歴史がある(小谷 1992)。秋のドングリ類の採集活動によりほぼ10か月近くの食料が賄われ、定住性の高い生活が営まれていたといわれる。

　狩猟採集社会には、バンド社会や首長制社会などのように、自然資源のあり方によって社会制度に相違が認められる。しかし、バンド社会にみられる一般的互酬性❽にもとづく家族を越えた食の分配と構成員間の平等主義は多くの狩猟採集社会を貫く重要な原理となっている。

動植物の消費の仕方

　「焼く」、「干すあるいは燻製」、「蒸す」、「煮る」は調理の基本的な加熱処理法であり、狩猟採集社会において野生動植物はこれらの加熱方法で調理されている。ただし、「煮る」ためには鍋が必要となり、人類史においても土器の発明は可食野生植物のレパートリーを画期的に拡げたことが知られている。縄文時代においても、加熱処理のために煮炊き用に土器を使うことによって、ドング

---

❼ 北アメリカ太平洋岸地域のクワキュートル、ハイダ、トリンギットなどの先住民社会に広くみられた、社会的威信と名誉をかけて行われる競争的贈答慣行。主催者は盛大な宴会を開き、招待客に貯えてきた財を惜しみなく振る舞って消費し、客もその名誉をかけて他の機会にそれ以上のもてなしをした。

❽ もののやりとり(交換)を表す互酬性には、一般的互酬性、均衡的互酬性、否定的互酬性がある。サーリンズ(Sahlins 1965)は、一般的互酬性は、相手に与えたものがいずれは自分に戻ってくるという期待のもと行われる交換であるのに対し、均衡的互酬性は、いわゆるgive and takeの直接交換、否定的互酬性は盗みのように、一方的にものを奪う交換のことを表すとした。

リ、トチノミなどの堅果類の利用が可能になったといわれる(勅使河原 1998: 36)。

獲得した食料の消費方法は、環境条件により多様であるが、狩猟採集民にほぼ共通して、家族を越えた集団内での食料(肉)の分配が行われる。たとえば、アフリカ熱帯森林に住むムブティの間では、象狩りが成功すると、その肉を食べ尽くすまで次の狩りには出かけず、バンド中の人たちで消費と祝宴が続いたことが知られる(原子 1977: 70-71)。熱帯狩猟民では、野生スイカを貯蔵するカラハリ砂漠のサンの例があるが、食料の保存は行われないことが多い。

これに対し、北方狩猟民は干し魚や干し肉を作るなど食料を保存する。たとえば、カナダのサスカチュワン州北部に住むチペワイアンは、夏のキャンプでは煙でいぶした干し魚を作り、春には冬の間自然冷凍で貯蔵しておいたカリブーの肉を干し肉に加工し、食料不足の時期に備える(Irimoto 1981: 108)。北海道アイヌは、サケを乾燥させ冬に備えて保存し、オオウバユリからとったデンプンはもっとも重要な保存食料となっていた。カナダの北西海岸(太平洋岸)地域に住む先住民においても、秋には燻製小屋に泊まり込みでスモークサーモンづくりが行われ、冬中の食料を確保する。カリフォルニアの先住民では、縄文時代人と同じように、ドングリなどの堅果類は貯蔵され、アク抜き処理して摂取されていた。

食用となる野生植物が少ない極北狩猟民では、ツンドラ地帯に生えるコケモモなどのベリー類はビタミン類がつまった貴重な食料として、保存、利用される。エスキモー(イヌイット)の人たちには、ベリーの採集に夢中になりすぎ、クマとばったり鉢合わせたという話が教訓として語り継がれる。ベリー類は冷凍保存されて冬中利用されるが、エスキモーの人たちは、ビタミン不足を補う効果もある生肉、獲物の生血、生のレバーを摂取していたことが知られる。

狩猟採集民は、所与の自然環境から可食の野生動植物を最大限利用する知識を身につけ、それぞれの環境に適応した文化を作り上げてきた。しかし、農耕、牧畜の開始により、人類の食生活はそれまでの狩猟、採集、漁撈による食材に加え、作物、乳の利用へと拡がり、新たな加工法・調理法が開拓されてきた。

3 ドメスティケーションによる「食」の転換 I
── 野生植物の栽培化は何をもたらしたのか

　野生植物の栽培化というドメスティケーションは、人類の「食」を大きく転換させてきた。栽培植物の登場は人類社会にどのような転換をもたらしたのかを、人 – 自然関係、食材の多彩化などの点から考えてみよう。

野生植物から栽培植物への変化とは

　野生植物の栽培化は、格段に収量を増やしただけではなく、定住生活を可能にした点に革新的意味がある。定住生活は、ドングリ類など森林性食料の採集により開始されたといわれる(西田 1986)が、植物を栽培・収穫することにより食料の大量確保が可能となった農耕社会では、定住化の完成がもたらされた。

　栽培植物の起源地は多様であり、①ムギ類やエンドウの起源は地中海・西南アジア、②モロコシ、シコクビエ、ヤムイモ類、ササゲなどはアフリカ、③キビ、アワ、キマメ、ヤエナリは中央アジア・インド、④イネ、ソバ、ダッタンソバ、サトイモは東南アジア、⑤ヒエ❾やダイズ、ヤマノイモ、アズキは東アジア、⑥トウモロコシ、サツマイモ、インゲンマメなどはメソアメリカ、⑦ジャガイモ、キャッサバ、ナンキンマメ、インゲンマメは南アメリカと7地域に分かれる(表1)。いろいろな地域でその地域独特の穀類、イモ類、マメ類がセットとなって開発され、伝統的食文化の素地がつくられてきたのである(阪本 1996:8)。私たちに馴染み深い作物の起源地は世界中に拡がっていることがわかるが、そ

表1　栽培植物の起源地

地中海・西南アジア	ムギ類やエンドウ
アフリカ	モロコシ、シコクビエ、ヤムイモ類、ササゲなど
中央アジア・インド	キビ、アワ、キマメ、ヤエナリ
東南アジア	イネ、ソバ、ダッタンソバ、サトイモ
東アジア	ヒエ、ダイズ、ヤマノイモ、アズキ
メソアメリカ	トウモロコシ、サツマイモ、インゲンマメなど
南アメリカ	ジャガイモ、キャッサバ、ナンキンマメ、インゲンマメ

阪本(1996:8)の表1を参照して作成。

---

❾ ヒエは、日本列島北部(北海道南部や東北地方)で縄文時代前期の後半頃に栽培化されていたといわれる(吉崎 1997)。

れぞれの起源地では、エネルギー源となる炭水化物を供給する穀類やイモ類と必須アミノ酸を含む植物性タンパク質を供給するマメ類がセットとなり、最低限のバランスのとれたより安定した食生活を可能にしてきたのである。

栽培化された植物には、「種を蒔き、収穫する」という種子繁殖による種子作物と、「イモなどの根茎部の植えつけ」という栄養繁殖により栽培される根栽作物とがある。いずれの栽培植物も、利用できる部位がもとの野生植物に比べて格段に大きいという特徴がある。種子作物では、とくに栽培型と野生型との大きな違いとして、種子の脱落性の有無、発芽の不斉一性の有無がある(田中 1975 ; 中尾 1966)。野生型では、種子は成熟したら自然に落ちて翌年に発芽する性質をもつが、一斉には発芽しない性質のために気候変動にもうまく適応できるようになっている。一方で、栽培型では種子が脱落せず、しかも種まき後は同時に発芽する性質に改良されたことで、同一区画での一斉の穂刈収穫が可能となり、農作業の効率が格段に高められたのである。

日本における農耕のはじまりは？

私たちの住む日本列島をみると、牧畜の伝統はなかったが、狩猟・採集・漁撈生活が営まれていたとされる縄文時代には、すでにより定着的な食料採集生活が行われ❿、焼畑耕作も開始されていた(佐々木 2014)。たとえば、福井県の鳥浜貝塚では、5,000年前の縄文前期の層からリョクトウなどのマメ類、エゴマ、ヒョウタンなどの栽培植物が出土している(藤尾 2002:129)。また、約5,500年〜4,000年前の縄文時代中期頃の青森県の三内丸山遺跡⓫からはヒョウタン、ゴボウ、マメなどの栽培植物が出土し、DNA分析によりクリの栽培化も明らかになっている(藤尾2002:16 ; 佐藤2016:95-96)。今から3,500年ほど前の縄文時代後期後葉に属すると考えられる土器の破片に稲籾のスタンプ痕が見つかり、縄文人稲作説も強まっている(藤尾 2002:118-120)。

北海道においても、縄文時代晩期の遺跡からオオムギ、アワ、キビなどの栽

---

❿ 縄文的形質をもった人類が日本列島に出現したのは、1万8,000年前が上限と考えられる(藤尾 2002:111-112)。北海道中南部から東北地方北部地域では、縄文時代から続縄文時代にかけて、アワ、キビ、ヒエ、ソバなどの北方系農耕の影響が認められるという (佐々木 2006:183)。

⓫ https://sannaimaruyama.pref.aomori.jp/about/main.html

培植物が出土しており、本州の弥生時代に並行する続縄文時代になると、ソバ、ヒエが栽培されていた。また、7世紀後半から9世紀前半頃の擦文時代前期になるとアワ、キビ、ヒエ、オオムギ、パンコムギ、ソバをはじめ、アズキ、アサが栽培されていたことが知られている(吉崎1997: 345; 阪本1996: 162-163)。

　このように、西日本、東日本各地で縄文時代中期には焼畑耕作が開始されており、後期から晩期にかけてはイネもオオムギ、ヒエ、アワ、キビなどとともに栽培されていた(佐原2005)。前5世紀になると、突然、九州北部に水田稲作が出現し、弥生時代が始まる。それ以降、今日に至るまで、水田耕作は日本文化の基層となってきた。

農耕がもたらす社会の変化
　栽培植物の違いは、単に料理の素材としての違いだけではなく、作物の栽培方法といった農耕技術から加工技術、食べ方、宗教儀礼、農地制度などの社会構造までを含む基本的文化複合の相違をもたらしてきた。実際、「耕地」として新たな価値をもつこととなった土地をめぐる財産の継承という社会的制度の整備は、社会構造を大きく変えていった。たとえば、移動耕作という形態をとる焼畑の場合には、耕地予備地も含めた広い領域の領有・管理・使用を氏族集団への帰属によって決めていくという社会的制度が生まれたのに対し、常畑としての利用は耕地の個人所有という土地の私有制を生み出してきた。また、開墾、播種から収穫に至る農作業、さらには脱穀、風選といった一連の処理過程においても、家族を越える共同作業が必要となる。農耕社会においては、耕作をめぐる労働交換を円滑にさせる社会的慣習が生み出されている。

　たとえば、ムギ栽培と大型・小型の家畜飼育にもとづく農耕・牧畜により生計を維持する、トランスヒマラヤのラダック地方の生活では、農耕と牧畜が互いに連繋しながら営まれるのをみることができる。オオムギ、コムギは収穫後、耕作地で少し乾燥させたあと、集落内の脱穀場に運び、乾燥させる。これを大型家畜に十分に踏ませて、脱穀したあと(写真2)、風の力を借りて(風選作業)、麦粒と茎とをより分けていた(写真3)。脱穀にあたっては、大型家畜の貸し借り、風選作業での共同作業があり、すべてが終わったあとには、作業を手

▶写真2 ラダックでの大型家畜を利用したムギ類の脱穀。刈り取ってからよく乾燥させたあと行われるが、よく踏まれることでムギの茎は柔らかくなり、恰好の飼料となる

▶写真3 ラダックでのムギ類の風選作業光景。インダス川峡谷の谷風を活用して行われるもので、風により軽い茎は遠くに飛び、麦粒が近くに落ちることによって選り分けられる

▶写真4 ラダックでの脱穀作業終了後の慰労会。瓶に入ったチャン(酒)を前にして、感謝の祈りを捧げているところ。このあとチャンを飲んで楽しむ

伝った人たちでチャン(酒)を酌み交わしての慰労会が開かれた(写真4)。ラダックにおいて日本の農村の「結(ゆい)」⓬と同じような労働交換の慣行がみられるように、コミュニティ内の共同性は生存上必須であり、コミュニティ内には集団主義的連帯性が育まれる。

作物の違いがもたらす文化・社会の違い──根栽農耕と種子農耕

　中尾佐助が、世界中の農耕文化は根栽農耕文化、サバンナ農耕文化、地中海農耕文化、新大陸農耕文化の四大農耕文化に区別できると提唱しているように(中尾 1966)、農耕社会の文化複合は栽培作物そのものの特性により影響を受ける。タロイモ、ヤムイモ等の根菜類やバナナなどの栄養繁殖により主作物を栽培する根栽農耕社会では、タンパク源を補うためのブタやイヌの飼育がみられる。

　主作物とされるイモ類は長期保存が難しいという欠点がある。ただし、たとえば、ミクロネシアのサンゴ礁でできたプンラップ島では、収穫と植えつけが同時に行われるタロイモ栽培(写真5)において、長期間の保存ができない代わりに、亜熱帯性気候のため収穫時期の季節性がない点をうまく捉えて、植えつけ時期をずらすことにより利用可能な時期を延ばす工夫がなされていた。

▲**写真5** プンラップ島における主作物タロイモの収穫・植えつけ作業

⓬ 労働力を交換しあって行われる共同労働の慣行。農村社会によくみられ、田植えをはじめ、刈り入れ、脱穀などの農作業や屋根の葺き替えなどの際に行われる。

アンデスのジャガイモ栽培では、高標高地という環境条件を有利に活用し、ジャガイモの凍結乾燥保存法を生み出したことが知られる。この貯蔵法の考案は乾燥による容積の減少にも効果的に作用し、大量のジャガイモの長期間貯蔵を可能とし、インカ帝国を支える源泉となったといわれる。しかし、一般的には、根栽農耕社会では人口支持力に上限が生まれ、トロブリアンド島民社会にみられるように、社会の規模は首長制国家形成にとどまる。
　一方、種子繁殖の作物栽培をみると、コメ、オオムギ、コムギ、雑穀類はいずれも長期保存が可能な作物である。メソポタミア文明をはじめとし、インダス文明、エジプト文明、揚子江文明にみられるように、ムギ栽培、水稲栽培で支えられる農耕社会は文明国家を生み出してきた。作物の生育期間中の水の供給は、作物栽培において重要な問題となるが、たとえば、ウシ、ヒツジ、ヤギの家畜化とほぼ同時に進行した西アジアの乾燥地帯におけるムギ栽培において、犁の発明によるウシを利用した犁耕の開始は、耕地の保水力を保持させ、収穫量を増大させたことが知られる。
　さらに、乾燥地帯における灌漑水路の建設、水田稲作における水路の建設は、耕地への自由な給水を可能とし、安定した収穫量を確保する技術的大転換であった。大規模な工事を伴う灌漑水路の建設・維持、給水利用の社会的調整などには、強力な権力をもったリーダーの存在が不可欠であり、乾燥地帯でのムギ作農耕や水田耕作による稲作農耕は、中央集権的な社会体制の形成をもたらしてきたことを人類史は語る。

栽培作物の利用とともに多彩化する調理
　栽培植物には、主作物と副食に利用される野菜類があるが、ここでは、とくに主作物に焦点を当ててみよう。まず、一般に根菜類は、特別な加工処理を必要とせず、皮をむいて「煮る」、「焼く」、「蒸す」などにより加熱後、食べられることが多い。ただし、南米起源のキャッサバは、シアン化合物を含むため、毒抜き処理が工夫されている。たとえば、南米のブラジルとベネズエラの国境付近に住むヤノマミ族は、狩猟採集とともにキャッサバ、料理用バナナの焼畑農耕を行うが、彼らはキャッサバの生芋をすり潰して、籠に入れて一晩

水の中に置いたあと、絞って毒抜きをする。

　1977年に調査したコンゴ民主共和国東部に住む焼畑農耕民ニンドゥでも、南米起源のキャッサバが主要な作物の一つとなっていたが、毒抜き処理法が異なっていた。彼らは皮をむいたイモを川のなかに数日間放置したあと、戸外の棚の上に置き、カビを振りかけてカビ発酵させるという独特の方法でキャッサバイモの毒抜きを行っていた。カビ発酵が進み、十分に乾燥したところで保存する。調理するときには、黒くなった表面を削り取り、臼で搗いて粉にしてから、沸騰した湯に入れて、かための練り粥（ウガリ）にして食べていた。

　穀類は、イモ類に比べ、収穫後に複雑な処理工程が必要となる。たとえば日本では、イネはまず収穫後に穂を天日で十分に乾燥させてから、脱穀して籾にする。籾すり機によって籾殻を取り除いて玄米にし、さらに搗いて白米にして、調理できる状態となる。稲、稲穂、籾、玄米、白米というように、呼び名も変わる。コメは粒食が一般的であるが、粉にしたウルチ米から作られるビーフンのように麺に加工されることもある。日本の正月には、餅つきという一種懐かしい光景がつきものであるが、餅つきにも国内で相違がある。本土ではモチ米をそのまま蒸して搗くのが一般的であるが、沖縄では米粉にして蒸してから搗く。

　また、ムギ類をみると、脱穀されたオオムギ、コムギは、たいてい水力などを利用した挽き臼で製粉され利用される。たとえばラダック地方では、脱穀された麦粒はそのまま貯蔵され、たいてい1回に麻袋1袋分が水車小屋の挽き臼で製粉されて利用される。ただし、オオムギとコムギとでは、製粉される前の処理が異なり、オオムギでは事前に炒るという加熱処理が施される（写真6）。製粉されたオオムギの炒り粉（スガンフェ）は広くチベットの代表的な食材となっている。

事例1──根栽農耕に支えられるプンラップ島民の食生活

　ミクロネシア、東カロリン諸島の周囲約4キロほどの小さなサンゴ礁のプンラップ島に住む人々は、タロイモ、バナナ、パンノキ、ココヤシの栽培、サンゴ礁海域での漁撈活動、家畜飼育により生活を支える（山田 2012: 139-167）。果

▶写真6 オオムギは、水車小屋で製粉される前に、平鍋で炒るという加熱処理がなされる。水で洗い、ごみを取り除いたあとの大麦を炒る光景

▶写真7 プンラップ島での島民男性総出の追い込み漁。大きな筌（うけ）の両端につけた網で周囲を囲みながら、筌の方に魚を追い込んで捕獲する漁法。獲れた魚は参加者に平等に分配される

実をジュースとして、コプラからはココナッツミルクをとり、果穂からはヤシ酒を造るなど、ココヤシは多目的に利用される重要な栽培果樹となっている。また、サンゴ礁海域を利用した漁撈活動（写真7）によって捕獲する魚類に加え、ブタ、イヌを肉用として飼育し、タンパク源としていた。

　オセアニア地方では土器・鍋を利用しない、ウム（写真8）と呼ばれる石を敷いた地炉を利用した石蒸し焼き調理法が広く分布する。プンラップ島では、調査当時、鉄製の鍋を利用してイモ類の調理がされてはいたが、ウムを利用していたときのように、鍋を利用した蒸し煮法が基本的調理法となっていた。

　イモ類の調理は、①イモを大きく切って、ココナッツミルクを加えて煮る、

▲写真8 サンゴ礁の石を敷き詰めた「ウム」と呼ばれる地炉。薪等で熱したあと加熱する食材を置き、バナナなどの葉で覆い石蒸し焼きにする

▲写真9 マールのデンプンを平臼で丁寧にこねるプンラップ島の女性

②イモを細かく刻み、ココナッツミルクで煮たあとに、つぶす、③繊維が多いキルトスペルマ種のタロイモでは、丸ごと茹でたイモを平臼で十分に搗いてから、ココナッツミルクを加えるなどの方法があるが、搗いて柔らかくする調理が基本となっている。これにココヤシの果実からとったココナッツミルクを恰好の調味料としていたのである。

　パンノキの果実は皮をむいてから4等分するなどして、そのまま焼いたり、ココナッツミルクで煮たりして食されていたが、大量にとれた果実の一部はナッと呼ばれる土中の貯蔵穴に保存され、利用されていた。貯蔵されて発酵が進み、酸味が強くなったパンノキの果実は特別にマールと呼ばれ、貴重な保存食料となっている。マールからきれいに取り出したデンプンは、平臼の上で十分に粘り気が出るまでこね合わせ（写真9）、ココナッツミルクを加えて混ぜ合わせたあと、これを小分けしてパンノキの葉に包み、大きな鍋で蒸し煮にされた。マールの料理は訪問客のもてなし料理ともなっている。

　プンラップ島における主食の調理法は、加熱後、平臼で搗いて餅状にし、ココナッツミルクを味付けに用いる点に特徴があった。根菜類の調理法では、イモ類の繊維質を柔らかくするために、臼で搗くという方法が生まれたことがわかる。サンゴ礁海域で捕れた魚が日々の副食として彩りを添える一方、肉は島の訪問者へのもてなしなど、特別な機会の食となっていた。

4 ドメスティケーションによる「食」の転換2
──野生動物の家畜化は何をもたらしたのか

　野生動物の家畜化というドメスティケーションもまた、人類の「食」を大きく転換させてきた。家畜動物の登場は人類社会にどのような転換をもたらしたのかを、人-自然関係、食材の多彩化などの点から考えてみよう。

野生動物から家畜への変化とは

　西アジアで家畜化されたウシ、ヤギ、ヒツジ、ブタ、中央アジアで家畜化されたウマが五大家畜といわれる。その他の家畜としては、アラビア起源のヒトコブラクダ、中央アジア起源のフタコブラクダ、北ユーラシアのトナカイ、チベット高原のヤク、アンデスのリャマ、アルパカ、さらにはアヒルやニワトリなどがある。大型家畜であるラクダ、ウシやヤク、ウマ、中型家畜であるトナカイ(シカ科)、小型家畜であるヤギ(ウシ科)、ヒツジ(ウシ科)、あるいは南米で飼育されるアルパカ(ラクダ科)とリャマ(ラクダ科)などの家畜化された動物は、もともと群れ生活をする有蹄類であり、群れとして飼育される。

　牧畜を一つの生業形態として考えるとき、五大家畜のうちブタ以外の飼育・管理をさすことが多い。狩猟採集社会では、対象となる野生動物の捕獲はたいてい肉としての利用を求めてのことであるが[13]、ユーラシア、アフリカの牧畜社会においては、家畜は肉のみならず乳の食生活への活用が基本となっている。肉の利用から乳の利用という人間側の「食材」としての発想の転換もさることながら、野生動物が家畜化されるためには動物側にとっても大きな転換が必要であったことが知られる。

　野生動物の家畜化において、まず第1の条件は、人に慣れ、人が接近しても逃げないことにある。野生動物は、基本的に人が近づくと逃げていく。出産し、仔をもつ母個体は仔どもを守るため、危険なことが多い。仔馬をつれた母馬に不用意に近づくと蹴られてしまうことはよく知られている。家畜化がもっ

---

[13] 北方狩猟民では、防寒用の衣服を作るための毛皮の獲得も必須条件となる。このため、男性の狩猟活動と毛皮の鞣し・加工を担う女性の活動とが、生活維持の両輪となってきた。

◀写真10 人が近づくと逃げていくトナカイも、塩がもらえるときには近づいてくる。トナカイを呼ぶ口笛を吹き、近づいてきたトナカイに革袋に入れた塩を与えるハンティの女性

とも遅く成立したといわれるトナカイは、塩を与えて慣れさせるが(写真10)、今でも人が近づくと遠ざかる習性があるだけでなく、野生トナカイの群れに簡単に混じって移動してしまうことが知られている。一晩にして何千頭のトナカイを失った物語がシベリアのトナカイ牧畜民に語り継がれている。

　牧畜という生計手段は、動物の肉としての利用のみではなく、乳の利用を考えついたこと、つまり、群れの頭数を減らすことなく食料を調達できるようにした点に大きな特徴がある。従って、家畜化の第2の条件は、人が母個体から搾乳できるようになることである。一般に、野生動物では、出産後の仔ども個体の刺激によって母個体がミルクを出すというのが本能的行動パターンとなっている。このため、人が家畜の乳を利用するには、仔の刺激がなくてもミルクを出すという行動パターンの変化が母個体に生まれることが必要となる。牧畜民の間では、一般に小型家畜の搾乳は円滑に行われるが、ウシなどの大型家畜では、仔どもに似せたハリボテを作り、この刺激によってミルクを出させ、搾乳することも行われる[14]。

　牧畜が成立する第3の条件は、家畜の群れとしてのまとまりを維持する工夫の考案である。群れ生活をする野生の有蹄類では、繁殖期に群れのオス同士でメスをめぐる競い合いが生じ、群れのまとまりがなくなる。繁殖期にお

---

[14] 日本の酪農家において乳牛として飼育されるホルスタイン種は、仔牛の刺激がなくても乳を出すように改良されてきた品種の一つである。

▶写真11 毎朝、毎夕の搾乳が欠かすことのできないラダッキの生活。ヤギの乳をリズミカルに絞るラダッキの女性

ける群れのまとまりを維持するために、繁殖用のオス個体を残し、他のオスは去勢するという発想が生まれ、そのための技術的工夫が考案されたのである。これにより、去勢オスは群れのまとまりを乱すこともなく、使役獣あるいは肉用獣として飼育・管理できるというプラスの価値も生まれている。

　家畜飼育により恒常的な食料確保が可能となったことは大きな利点である。その一方で、牧畜という生計は、狩猟採集生活、農耕生活とは大きく異なる生活パターンをもたらす。乳の食への利用が基本となるため、起床とともに、柵から家畜を出し、朝の搾乳を行い、搾乳後、仔に乳を飲ませる(写真11)。搾乳したミルクはヨーグルト、チーズ、バターなどの乳製品への加工にまわし、食生活に取り込むというのが日々の暮らしの基本となる。

　一方で、毎日家畜を放牧に連れ出すことが必要となり、牧童は自らの判断のもと、草地の状態を見極めながら家畜を移動させ、草を食べさせながら、草地と水場を求めての遊動を繰り返す。放牧は、家畜の種類ごと、また母個体と仔個体とは別の群れで行われる。キャンプに戻ってからも搾乳が行われ、仔個体は母個体から離して別々の場所に囲い、管理するという生活が日々の基本行動となる。一般的に家畜の放牧は男性が、搾乳から乳製品の加工は女性が担うといった家族内での役割分担によって、生計が維持される。

牧畜社会の生存戦略

　放牧にあたっては、牧草を食い尽くさないために、キャンプ地を一定期間利用したあと、移動する生活となる。遊動地域をめぐっては、争いが起こらないように、氏族集団内で調整され、家族集団ごとに年間の遊動ルートが決められる。家族集団の自立性が強く、家族を越える関係は個人主義的原理にもとづく契約関係となるといわれる。

　また、牧畜社会では、干魃、凍結などで自然の牧草が得られないこと、あるいは家畜の疫病の流行などにより、家畜の大量死に見舞われることがある。天候、気象条件により大きな打撃を受ける点では農耕社会と同じではある。しかし、一年間やり過ごせば何とか回復できる農耕社会に対し、牧畜社会では、一旦数が激減した家畜の頭数、とくに搾乳できる家畜の頭数を元に戻すのには、数年間以上かかるという点で、農耕社会に比べ脆弱であるともいわれる。そのために、牧畜社会は、略奪によって家畜を奪って家畜頭数を元に戻す、あるいは農耕民を襲撃し穀物を奪うという生存戦略をとってきたことを民族誌や歴史が示す。

多様な乳加工製品の考案

　牧畜社会における食料革命は家畜のミルクの利用にある。ヒトは成人になると乳糖分解酵素が少なくなるため、牧畜社会において、生乳を直接飲用することはほとんどなく[15]、酸乳（ヨーグルト）、バター、チーズに加工されて利用されるのが一般的である。乳製品加工方法は、大きく発酵乳系列群、クリーム分離系列群、凝固剤使用系列群に分けることができる（平田 2004: 92-94）。

　発酵乳系列群というのは、ミルクをそのまま酸乳化凝固させてヨーグルト状にし、これを攪拌してバターを取り出す系列である。バターを取り出したあとのバターミルクの加熱により固まりとなって浮き出てくるチーズも利用される。残った水分はホエーと呼ばれ、たいてい家畜の飲用にまわされる。

　クリーム分離系列群というのは、まず、ミルクをクリーム分離器にかけ、クリームを取り出し、これを攪拌してバターを取り出す系列である。クリームを

---

[15] お茶などに混ぜて、飲用されることはある。

取り出したあとのスキムミルクを加熱し、強酸乳を加えることにより、チーズ(カッテージチーズ)が取り出される。凝固剤使用系列群では、ミルクを乳酸発酵させたあとに、レンネット(凝乳酵素)を加え、生チーズに加工する。

　乳製品加工は牧畜文化を特色づけるものとなっている。たとえばモンゴルの食文化では、名づけられた乳加工食品は、乳酒も含め約16種類に及んでおり、乳脂肪分を分離した脱脂乳からさまざまな乳製品を作るクリーム分離系列群が基本となっている(日野 1998)。一方、後述するように、ラダック地方では発酵乳系列群の乳製品加工が基本となっている。

事例2 ── 農耕・牧畜に支えられるラダッキの食生活

　ラダックの人々(ラダッキ)は、オオムギ、コムギ、ソバ、マメ類の栽培、ゾモ(ヤクとウシのハイブリッドの雌)、ウシ、ヤク、ディモ(雌ヤク)、ヤギ・ヒツジなどの家畜飼育、遠距離交易を基本的生計とし、ほぼ自給自足の暮らしをしてきたチベット系の民族である(山田 2009: 95-134)。ラダッキの主食料理の特徴は粉の利用にあるということができ、ラダッキの代表的料理といえるオオムギの料理をはじめ、コムギ、ソバ、マメなどいずれも粉に挽いてから主食として調理されるのが基本となっている。なかでもオオムギは、日本人にとってのコメのように、ラダッキにとって第1の食物と考えられている。上述したように、オオムギの粒は大きな平鍋で炒って製粉し、炒り粉にするのが一般的である。

　オオムギ料理のうち、「パパ」と呼ばれる炒り粉を沸騰した湯に入れ、練ったものがもっとも伝統的な食物で、結婚式、葬式には必ず登場する。「パパ」をより柔らかくしてバターをかけた「マルザン」は、栄養に富み、出産後や病人の食となる。もっとも一般的な食物が、炒り粉をバター茶で練った「コラック」である。炒り粉にバター、砂糖を加えてバター茶で練った「フェマル」は客用のもてなし料理となる。コラック、フェマルの調理法は、各自がお椀にバター茶で混ぜ合わせるだけで、特別な加熱も必要なく食すことができるという簡便さに特徴がある。干しチーズと肉を少し入れたスープに、オオムギの粉を少し加えてとろみをつけた「スガントック」と呼ばれる病人用の食もある。オオムギは酒の材料となり、チャンと呼ばれる発酵酒、これを蒸留したアラッ

クが作られる。

　コムギ料理では、粒を炒ってオオムギと同じように、「ヨス」としてお客のもてなし用に利用する例もあるが、たいていはコムギ粉に水を加えて練った生地を作るのが基本となる。小麦粉の生地は、①いわゆるギョウザ（「モクモク」。水ギョウザ、焼ギョウザがある）、②パスタ風スープ煮料理、③パン風料理というように、大きく3通りに調理される。

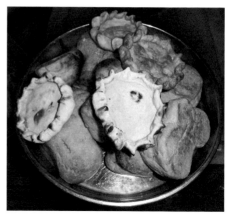

▲写真12 ラダックの正月で作られる特別なコムギ粉料理、マルクール

　パスタ風スープ煮料理は、「スキュー」、「トックパ」、「チュウ・タキ」、「ティム・トック」、「パルツァ・マルク」など、細い麺か小さな椀型にしたものか等の生地の成形の仕方や、香辛料や野菜、肉など混ぜ合わるものの種類、または汁の量の違いなどによって区別されている。生地を太い麺状に作り、ちぎって茹で、砂糖、バター、乾燥チーズの粉をまぶした「パルツァ・マルク」は、チベット暦1月の断食行明けに作る特別料理となる。

　パン風料理では、生地を平らにのばして円形にし、鉄板で焼いた「タキ」（いわゆるインドのチャパティ）が一般的となっている。他に、生地を少し厚めの円形にのばし、オーブンで焼いた「タキ・トックモ」、冬には一般的な発酵させたパン「スキュル・チュックス」、コムギ粉に塩とクミンを加えて生地を作り、フライパンで焼き上げた「テンテン」などがある。正月には特別に、生地を小さく切り分け油で揚げた「マルクール」（写真12）、生地に絵を描いてから揚げた「カプツェ」が作られる。

　以上のように、ラダッキはオオムギ、コムギの調理法を工夫し、多彩な料理のレパートリーを作り出している。そして、農耕社会につきものの凶作を回避する手段として、ソバ、マメなどの補助作物が栽培され、食材として利用される。ソバには、いわゆるソバとダッタンソバの2種類があるが、ソバ粉はオオムギ粉やコムギ粉の代用として各種の料理に使われる。ときには、「タプ」

▲写真13 バターを取り出すために、ヨーグルトを攪拌するラダックの男性

▶写真14 ラダックにおいて毎日欠かせないバター茶づくり

と呼ばれる、生地を作り、小さく切り分けて茹でたあと、細かくつぶしたクルミやアンズの仁、タマネギ、香辛料を混ぜたソバ粉独特の料理が食される。また、ソラマメ、エンドウマメ、ガラスマメなどマメ類の粉は、炒ってから粉にされ、オオムギ粉、ソバ粉などと混ぜて「パパ」料理にされる。

　ラダッキの食生活では、家畜の乳の加工製品もまた重要な食材であり、発酵乳系列群の方法で作られていた。まず、搾乳後、ミルクを温め、バターミルクを少し加えて、よくかき混ぜる。これを壺に入れて放置すると、発酵が進み、夕方にはヨーグルトができあがる。2～3日分のヨーグルトをためて置き、これを1～2時間攪拌器で攪拌し、乳脂肪分が固まったバターを取り出す(写真13)。バターを取り出した残りのバターミルクを沸騰させると、ラボと呼ばれる生チーズが浮かんでくるので、これを取り出す。残ったホエーはチュルクーと呼ばれ家畜に与えられる。ラダッキは生チーズをそのまま食べることは少なく、乾燥チーズづくりにまわされる。生チーズの水分を絞り、細長い形に切り分けて、天日で干すと、チュルペという乾燥チーズとなる。

　バター、乾燥チーズはラダッキの欠かせない食材となる。バターはバター茶(写真14)、食材としてのみならず、仏への灯明に欠かせない油となる。ヨー

グルトは客のもてなし用となることが多く、これはその家での乳製品の加工が順調に進んでいることを示し、主婦にとって誇らしさの象徴ともなっていた。

　ラダッキの食生活をみると、乳製品は暑い夏季の貴重なタンパク源となるのに対し、家畜の肉は寒さの厳しい冬場に欠かせない食料となる。ラダッキでは、一冬の肉を確保するために、秋には大型家畜あるいは小型家畜を屠殺するのが一つの年中行事のようになっていた。屠られた家畜は、肉だけではなく、内臓もほとんど食べられる。オオムギ粉と血を混ぜて詰めた腸詰めは、この時期の楽しみとなっている。ラダッキは、牧草に恵まれ、搾乳量も多い夏には、「暑い」とされる季節であるがゆえに「冷たい」乳製品を摂取し、搾乳量が激減する冬には、「寒い」季節であるがゆえに「熱い」肉を摂取するというように、牧畜から得られる食材を季節感や健康観と一体化して、独自の食文化を作り上げている。

5　食の比較文化学から文化多様性の理解へ

　グローバル化が叫ばれる今日、マクドナルドやピザハットの店が世界中どこにでも目につくように、「食」をみてもグローバル化が急速に進む感がある。しかし、グローバル化は今に始まったことではないと指摘されることがある。実際、本稿でみてきたように、野生動植物のドメスティケーションをとおして、狩猟採集から農耕・牧畜という生計手段を獲得した人類は、可能なかぎりの地域を農耕・牧畜社会へと転換してきた。栽培作物が起源地を離れた世界の各地で栽培されるという過程は、グローバル化への道が遙か以前からみられるものであったことを示すとともに、「食」を求めての人類の探求は、集団維持のため先史時代から脈々と引き継がれてきたことを示す。

　現代のグローバル化の大きな特徴はその浸透のスピードにあるといえる。しかし、今日、比類なき速さでグローバル化の名のもとにあらゆる「もの」の流動化が進む一方で、世界各地で、自分たちの伝統を守る運動も加速化している。なかには北米先住民にみられるように、「ブッシュ・フード（森の食べ物）」を大切にするという運動もある。伝統文化の底流には「食」により作り上げ

られた基本文化複合がある。「食」の比較文化学をとおした食伝統の多様性の理解もまた、文化の多様性の理解を進める鍵となりうる。

引用文献

Balikci, Asen (1968). The Netsilik Eskimos: Adaptive Process. In: Lee, Richard B. & Irven DeVore (eds.), *Man the Hunter*. Chicago: Aldine Publishing, pp. 78-82.

Irimoto,Takashi (1981). *Chipewyan Ecology: Group Structure and Caribou Hunting System*. Senri Ethnological Studies, no. 8. Suita, Osaka: National Museum of Ethnology.

Lee, Richard B. (1968). What Hunters Do for a Living, or, How to Make Out on Scarce Resources. In: Lee, Richard B. & Irven DeVore (eds.), *Man the Hunter*. Chicago: Aldine Publishing, pp. 30-48.

Sahlins, D. Marshal (1965). On the sociology of primitive exchange. In: Banthon, Michael (ed.), *The Relevance of Models for Social Anthropology*. London: Tavistock Publication, pp. 139-236.

Suttles, Wayne (1968). Coping with Abundance: Subsistence on the Northwest Coast. In: Lee, Richard B. & Irven DeVore (eds.), *Man the Hunter*. Chicago: Aldine Oublishing, pp. 56-68.

池谷和信(2014)『人間にとってスイカとは何か——カラハリ狩猟民と考える』京都：臨川書店。

小谷凱宣(1992)「カリフォルニア・インディアンのドングリ利用」松山利夫・山本紀夫［編］『木の実の文化誌』東京：朝日新聞社（朝日選書）、pp. 193-195。

阪本寧男(1996)『ムギの民族植物誌——フィールド調査から』東京：学会出版センター。

佐々木高明(2006)『山の神と日本人——山の神信仰から探る日本の基層文化』東京：洋泉社。

――――(2014)『新版 稲作以前』東京：NHK出版（NHKブックス）。

佐藤洋一郎(2016)『食の人類史——ユーラシアの狩猟・採集、農耕、牧畜』東京：中央公論新社（中公新書）。

佐原真(2005)「コメと日本文化」金関恕・春成秀爾［編］『佐原真の仕事6 考古学と現代』東京：岩波書店。

篠田謙一(2007)『日本人になった祖先たち——DNAから解析するその多元的構造』東京：日本放送出版協会（NHKブックス）。

田中二郎(1971)『ブッシュマン』東京：思索社。

田中正武(1975)『栽培植物の起源』東京：日本放送出版協会（NHKブックス）。

勅使河原彰(1998)『縄文文化』東京：新日本出版社（新日本新書）。

中尾佐助（1966）『栽培植物と農耕の起源』東京：岩波書店（岩波新書）。
西田正規（1986）『定住革命——遊動と定住の人類史』東京：新曜社。
原子令三（1977）「ムブティ・ピグミーの生態人類学的研究」伊谷純一郎・原子令三（編）『人類の自然誌』東京：雄山閣、pp. 29-95。
日野千草（1998）「モンゴル国中央部における乳加工——中央県ブレン郡における事例をとおして」『エコソフィア』1：112-128。
藤尾慎一郎（2002）『縄文論争』東京：講談社（講談社選書メチエ）。
平田昌弘（2004）「青蔵高原東部における乳加工体系の変遷」『エコソフィア』14：81-100。
山田孝子（2009）『ラダック——西チベットにおける病いと治療の民族誌』京都：京都大学出版会。
———（2012）『南島の自然誌——変わりゆく人‐植物関係』京都：昭和堂。
吉崎昌一（1997）「縄文時代の栽培植物」『第四紀研究』36（5）：343-346。

座談会 II

「食」が紡ぐ人と地域の輪・環・和

食文化とコミュニケーションを考える

●参加者●
川村義治／小磯千尋／小西賢吾／アヒム・バイヤー／
本康宏史／山田孝子／ジェームス・ロバーソン

いつの時代、どこの地域でも、「食」は人と人とを結びつける媒介となり
客をもてなすツールとしても活用されてきました。
とはいえ、その使い方や活用方法は千差万別。
食をめぐる人びとのコミュニケーションのありようにも
その地域ならではの姿があります

川村義治●食について考えるときには、単に何を食べるかだけではなく、いつ、どこで、だれとどう食べるかに注目する必要がありますね。
小磯千尋●そうですね。楽しさとか、家族とつながる思い出とかですね。
川村●この年齢になると、昔に食べたものをいま食べても、思い出といっしょに食べているような感覚があります。ただそれだけを食べているのではない。若いときはそんなことはまったく感じませんでした。

暮らしと不可分の関係にある多様な共食の場

農耕暦や宗教暦に基づく「ハレの食」

山田孝子●人びとの暮らしが都市型になり、家族だけの生活が中心になってきたときに、普段と少し違った雰囲気を求めて、外に出て食べる外食が増えてきました。そして外食に伴うさまざまなサービスや店が、連動してできてくる。しかし、もともと農村などでは、1年のなかにそういう楽しみの場、たとえばさまざまな祭りや儀礼、サンクスギビングなどを設定して、そこで日常とは違う楽しみを家族も含めて味わっていました。
川村●私が育った土地では、家族が外食することは少なかったと思います。
山田●ですから、それは都市型の生活なのです。大人でも農村では飲み屋などがないので、祭りの場でみんないっしょに飲むことになる。一般に農耕暦をみると、ほぼ月に1回は何かの場があり、そこでみんなが集まって楽しむことが、1年のリズムになっています。
ジェームス・ロバーソン●アメリカ人からみると、ヨーロッパではアメリカよりも町や地域ごとに祭りや儀礼が多いと思いますが、そういうみんなで食べたり飲んだりする機会はありますか。
アヒム・バイヤー●ミュンヘンのオクトーバー・フェスト[1]（写真1）で

[1] ミュンヘンで毎年9月半ばから10月上旬にかけて開催される世界最大規模のビール祭り。祭りの中心は、ビールや食べ物を出すテントの仮設レストランにあり、特別なビールも出される。

▲写真1
オクトーバー・フェストのテント
ミュンヘンのオクトーバー・フェストは、10以上の巨大なテントを中心に、移動遊園地などのアトラクションも加わる一大行事である。テントは最大で5,000人以上を収容し、音楽が演奏されるなか、参加者はビールと食事を楽しむ

は、みんなで集まってビールを飲みます。でもドイツでは、北と南とでけっこう違いがあって、たとえば北ドイツではビールの種類が違う。つくり方をみると、北のほうはピルゼン[2]というちょっと苦い感じのビールで、南のほうはヘルスという甘いビールになります。

ライン川流域あたりではワインの祭りがあります。そこでは白ワインが飲み放題。親戚がそこに住んでいて、すごく楽しかった思い出があります。

川村●そういう集まりのときは、家族も行きますか。男性だけですか。

バイヤー●場合によりますが、夜であれば少し遅くなると男性や、若いカップルが多くなりますね。

ロバーソン●日本のお祭りがおもしろいと思うのは、沖縄などでは違うと思いますが、神社の前に多くの屋台が出ていることです。神社の祭りだけれど、俗的なものがいっしょになっている感じがして興味深いと思います。

バイヤー●ヨーロッパでは、教会、とくにカトリック教会の祭りがあると人が集まるので、いつも市場ができますよ。

小磯●インドでもそうですね。

山田●カトリックでは1年のうちにいくつもの聖人の日がありますね。それはたいてい特別な気分になる日です。日本だったら農事暦に合わせて祭りがあるところが、カトリックでは聖人のお祝いの日に合わせて祭りがあるのも興味深いですね。

バイヤー●おそらくオクトーバー・フェストには宗教的な意味はあまりありませんが、ミュンヘンはアルプスの山の近くですから、ちょ

---

[2] チェコ、ボヘミア地方のビール生産地プルゼン発祥のビール。

うど夏のあいだに山に放牧されていたウシが全部下りてくる時期と重なります。それは農家の人たちがコムギなどを収穫して、肉と交換する時期でもありました。

小磯●交易の場だったわけですね。

バイヤー●それで祭りをしているのです。ものを売ったお金で飲む。

小磯●やはり必ずお酒がついてくるのですね。

小西賢吾●日本の場合、非日常の時間はお正月に少し残っていると思います。私は子どものころ、数の子が好きでした。大人の食べ物のような感じがしたんです。これは1年に1回、お正月しか食べられない。年の瀬が迫ると、家族がおせちの準備を始めて、今年も数の子が食べられる期待が高まってくる。

小磯●おせち料理は本当にハレの食ですよね。

小西●ただ、昨年のお正月に関西の実家に帰ったとき少し驚いたことがありました。近年では元旦からスーパーやデパートが開店しますが、そこのレストランで普段通りの食事をしている家族が多かったのです。おせち料理を食べる家が減っている印象を受けました。

インドとチベットの神に捧げられる特別な食

バイヤー●日本の祭りでは地域ごとに食べるものが違いますが、インドやほかの文化圏のお祭りでは、出すものや食べるものは決まっていますか。

小磯●インドではだいたい決まっていますね。祭りのときには、地方の特産の特別料理をつくります。たとえば、春を祝うホーリー[3]（写真2）のときには、プランポーリー（写真3）といって、チャパティのなかに、ヒヨコマメを潰して粗糖で甘くしたあんを入れた日本のおまんじゅうのような料理が欠かせません。あんを入れたチャパティをのばすので、つくるのもたいへんです。一枚一枚焼いて、壊れや

---

[3] ヒンドゥー教の春を祝う祭り。毎年2～3月の満月の日に行われる。ホーリカーと呼ばれる人形を焼き、翌日は無礼講で色つきの粉や色水を互いにかけあい騒ぐ。

▲写真2〈上左〉
ホーリーの祭り
春を祝う祭りで満月の夜に祝火で女神像ホーリーカーの人形を焼く。薪の上に乗っているのがその人形

◀写真3〈上右〉
プランポーリー
ヒヨコマメのあんをチャパティに挟んでのばす

▶写真4〈右〉
ガネーシャ祭り
祭りのクライマックス。神像を水場に流すための行進

すいので、一枚ずつ紙に包んで置いておく。かつてはそれにギー、精製バターをたくさんかけて食べたといいます。いまはギーも高価なので、ミルクをかけたりして食べる。私たちは4分の1ぐらいでおなかいっぱいになりますが、たいへんなごちそうです。厚みもあるし、あんがけっこう甘い。

　私が暮らしていた西インドのプネーでは、ゾウの顔をした神様ガネーシャのお祭り[4]（写真4）が盛んです。ガネーシャ神はすごい食いしん坊で、はちきれそうなおなかになっても食べ続けたという神話があるぐらいです。

　そのガネーシャが大好きなモーダック（写真5、6）という餃子を大きくしたまんじゅうのような菓子があります。コメの粉の皮のなかに

[4] インドのマハーラーシュトラ州を中心に、8月末または9月初めの「ガネーシャ・チャトゥルティー」の日（新月の日から4日目）から満月までの計11日間行われる。ガネーシャは、人身象面の神で、シヴァとパールヴァティーの間に生まれたとされる。あらゆる障害を取り除く力をもち、とくに財神として広く信仰を集める。祭りでは、巨大なガネーシャ像を乗せた山車が、大音量の音楽とともに練り歩く。

削ったココナッツのあんが入っていて、それを蒸します。調べると、インドの調理法のなかでも「蒸す」方法はインド北部のものではないことから、ガネーシャのお祭りの食事には南の文化の影響がみられることがわかりました。

ほかにもお祭りで必ずつくる食はたくさんありますが、最近は働いている主婦も多いので、とくに都会では、儀礼食をケータリングにオーダーしたり、外注するケースがふえています。しかし、日本のおせちではないですが、どんなことをしてでも、人に頼んででも用意しなければいけません。

ロバーソン●チベットの祭りではどうですか。

バイヤー●祭りにはいろいろありますが、インドのサンスクリットでいうガナチャクラ、チベット語でいうとツォク[5]（写真7）をつくる祭りがあります。僧侶が寺院に集まって、仏様にプジャという供養を行いますが、その供物の食べ物であるツォクは神聖なもの、重要なものと考えられており、あとで人に配ることになっています。

山田●ツォクスは供えられて、お経を読んだあとに配るわけですから、いわゆるお下がりと同じです。

小西●そのお下がりを一度もらったことがあります。ツァンパ[6]とバターを練ったもので、かなり時間がたっていたのですが、「これはたいへんいいものだから味は気にせず食べなさい」といわれたので、さっと食べました。

バイヤー●もう一つ、ラサでは正月の15日にチョンガ・チューパと

▲写真5〈上〉
モーダックづくり
「ソーラー」という浄なるサーリーを着てお供えのモーダックを作る

▲写真6〈下円〉
ガネーシャ神の大好物モーダック
甘いココナッツのあんを米粉の皮で包み蒸したもの

---

[5] ツォク(tshogs)は、ラダック語ではツォクスと発音する。オオムギの粉を練ってつくった供物で、仏教儀式で供えて供養した後、お下がりとして食べる。

[6] オオムギを煎って粉にしたもので、ラダッキ、チベット人などチベット系諸民族で主食となるもの（33ページからの論考を参照）。

▲写真7〈上左〉
お供えのツォクス
ラダックの村にて

◀写真8〈上右〉
バター飾り
南インド、チベット僧院で、ロサルに供えられる

いうバターの祭りをします。バターで仏像などいろいろなものをつくる(写真8)。かつてダライ・ラマはその前を通ってこれを全部みたといわれています。ダライ・ラマが通ったあとにはそのバターを自分で取ってもいいことになっていて、人びとは神聖なものとして、そのバターを取り合ったそうです。

本康宏史●気温が低いからバターが溶けないわけですか。

小西●私が経験したチベットの正月(ロサル)では、長机の端に巨大なバターの塊がどんと置いてある。それが正月のシンボルみたいな存在になっていて、その前に飲み物や食事がずらっと並んでいました[7]。

本康●日本でいうと鏡餅のようですね。

小西●地域と文化によって何をお供えするかがかなり異なるので、儀礼食をくらべてみるのもおもしろいですね。

共食の場とその変容にみる欧米と日本との違い

小西●じつは私は金沢に来てから、仕事帰りの飲み会の数がすごく少なくなって、これは関西と違うなと感じているところです。(笑) みなさんが車を運転しているからかもしれませんが。

川村●金沢では交通手段の問題がありますね。都会では駅を出るとすぐにいろいろな店があって、飲んだり食べたりできる。もしくは

---

[7] チベットの正月に欠かせない料理に、カプツェと呼ばれる揚げパンがある(写真9)。

仕事場から駅に行くまでにたくさんの店がありますが、ここではやはりそうはいかない。これは金沢に限らず地方だとそうかもしれませんが、車が欠かせない。車をどこかに預けて飲みに行くのはいろいろ面倒です。

山田●そういう事情もありますが、京都でも、私が大学院生のときと最近の学生とをくらべると、集って飲んだりする回数はかなり減っていました。

小磯●コンパをあまりしないですよね。

山田●飲み食いを通して人とつながっていた一つのあり方が、いまはつながらないかたちに変わってきているのが、大きな現代的な変化としてあるのかなと思います。

バイヤー●韓国でも、私がいた6年間で、飲み会はかなり減りました。

小磯●韓国もそうですか。

バイヤー●経済的に厳しくなって、学生たちもより勉強しないとだめになったのでしょう。そのため飲み会などの時間もなくなってきたのですね。

川村●理由はさまざまにあると思います。日本では以前、正月三が日は完全なお休みで、特別な時間でした。だから、みんなが集まるといろいろ語り合いました。しかし、小西さんが言われたように、もう元旦でもお店があいていたりして、日常との差がなくなりつつあります。逆に、かつては行事や儀礼がきっちりと行われたので、集まる理由があったと思います。現在はその個別の価値が減って、平板化しているのではないかと思います。

バイヤー●みんな、いつでもスマートフォンをみて、インターネットを通して正月にも仕事をしていますからね。

川村●ただ、いっしょに料理を食べることは、そのときしかできない

▲写真9
カプツェ
南インド、チベット難民キャンプの正月のお供え。バナナやパイナップル等の果物や飲み物が並ぶ。中央にあるのが揚げパン

ので、本当に楽しいというか、価値があるわけです。そこに価値を見つけられればと思いますね。

ロバーソン●アメリカの場合、とくに南部のフロリダ州やハワイなどでは、大学生たちはお店にみんながいっしょに行くのではなく、ホームパーティのようなポットラック(pot-luck)[8]をします。「今週は○○の家でパーティをやるので、みんな1品か2品を持ってきて」と呼びかけます。みんな学生ですから実家暮らしではない人が多かったのですが、まちに出て飲むよりは、だれかの家に集まって飲んだり、食べることが多くありました。

バイヤー●ドイツでも、家が一般に日本と比べたら広いですし、ホームパーティが多くなります。もちろん費用も安くできます。おそらく日本では他人が自分の家に入ることが恥ずかしい感覚が強いかもしれないですね。日本の文化では、互いの家にあまり行かないのではないでしょうか。

川村●それはあるかもしれません。

ロバーソン●日本の家は狭いとよくいいますが、地方によっては違います。たとえば金沢は広い感じがしますが、それでもホームパーティはあまりしない。これはなぜでしょうか。たとえばアメリカでは友だちをよんで、いっしょに野球やアメフト、サッカーの試合をみたりしますが、それもない。

山田●もともと日本では、結婚式などの儀式でいろいろな人をよぶことはありますが、普段の生活ではなかったと思います。近所の人がフラッと来たときには、いろり端でお茶を飲むことはありますが、来てくださいという招待のかたちは、特別な場合しかしない文化だったと思います。だから、逆に村のなかで人と交わり、話すのは、お祭りや神社でなど、共有の場ですることだったのではないでしょうか。

川村●社交的な関係のつくり方が難しかったのかもしれませんね。

---

[8] 参加者それぞれが料理したり、購入して、食べ物や飲み物を持ち寄って行うパーティー。

しかし最近では、子育ての情報を共有するためにママ友が集まるようなことはあるのではないでしょうか。
小磯●私もしましたよ。外で食べるときもあるし、家でもしました。子どもが小さいときは持ち回りでしたね。
川村●新たにそういう別な形態の集まりはあるかもしれないですね。

人や地域をつなぐ
コミュニケーション・ツールとしての食

地域によって異なる「おもてなし」の方法

小磯●インドでは、アポも何もなく、親戚も友だちもみんな週末はそれぞれが家庭を訪問しあいます。ですから、そのときは食事をたくさん用意して、だれが来てもきちんともてなさなくてはいけません。そもそも「Atithi Devo Bhavah」[9]といって、お客さまは神様が姿を変えて訪れたものだと考える文化があるので、必ず何かでもてなさなければいけないわけです。きちんとおもてなしをと考えるとけっこうたいへんですが、一片の氷砂糖でもいいのです。会話を楽しむ、家族と交流するのが目的なのです。

　日本に来たインドの人たちは、「日本人は親しくなっても、レストランなどには招待してくれるけど、だれも家に招いてくれない」と寂しがります。たとえ出てくるのがお茶1杯でも、家に招いてくれることが、インドの人にとっては大事なことなのです。だから、よく日本の企業などの研修でお話しするときは、「お茶1杯ふるまうだけでいいから、お宅に招いてあげてください」とお伝えしています。「それがインドの文化なのです」というと日本人は、「家は狭いし、きちんとしたおもてなしはできないし、いいレストランに招待したほうがいいでしょう」といいます。このあたりが価値観の違

---

[9] アティティ デーヴォー バヴァ（客は神そのものである）。ヒンドゥー教の伝統ではふいの来客は神が姿を変えて訪れたと信じられ、たいせつにもてなす。食事どきなら必ず食事ももてなすのが礼儀とされる。

いですよね。インド人は、家に招かれることで相手に近しい存在として認めてもらえたというように捉えています。

ロバーソン●お茶といえば、イギリスではミルクティーをよく飲むイメージがありますが、その飲み方はアジアから来たのではないですか。

小磯●じつは違います。イギリスの戦略にインドが乗せられて飲むようになったものです。インドにはお茶そのものがありませんでしたが、イギリスが中国で茶の木を見つけてから、ダージリン地方に茶のプランテーションをつくったのです。やがて茶葉がとれすぎるようになり、インドの人が少しでも飲んでくれないかと、かなり戦略的にインドに茶を広めたのです。

山田●インドで茶以外には飲むものはなかったのですか。

小磯●かつてはいわゆるレモングラスと粗糖をまぜた香りのいい飲み物を飲んでいたようです。インドの人は、現在ではミルクティーをイギリス人に次ぐか、もっと飲むようになっています。

山田●ラダックは日本に似ていて、人を招待するのは特別なときだけです。だけど、人がいつでも、どこにでも、用があったら家の中に入って来ることを拒否はせず、いつでも食べ物をすぐ出せるようにしています。お客が来たら、バター茶[10]を出し、ツァンパを出して、ヨーグルトを出す。主婦はそれを切らしてはだめだといわれています。

バイヤー●遠くからのお客さまは、いつ到着するかわからないですからね。着いたときには、おなかが減っていたりもする。

山田●そうです。わかりませんからね。来た人をそうしてもてなす。

バイヤー●モンゴルもすごいですよ。いまでもモンゴルの人の家に行くと、田舎だけではなく、都会に近いところでも、すぐ入れてくれる。そういう文化がまだ強い。遠くから一人で旅して訪れると、どの家でも座るとすぐに食事が出てくる。

---

[10] 磚茶を煮だした茶に、バターと塩を加え、ドンモと呼ばれる長い筒で攪拌してつくったチベット社会で一般的に飲用される茶。飲用にするだけではなく、ツァンパを練って食べるのにも使われる(33ページからの論考を参照)。

小磯●もてなしてくれるのですね。

山田●人が移動することを互いに許容しあう文化のなかでは、だれが来ても、まずはもてなすということなのです。

川村●家に招くときに、たとえば台所には入ってはいけないとか、みられたくないとか、そういう文化はありますか。

山田●たとえばチベット系、ラダックもそうですが、人がまず入るのは台所です。

川村●そうなのですか。

山田●台所といっても、きれいな装飾が施されたストーブ（竈）があって、食器も飾られている（写真10、11）。その台所にまず行きます。客間に入るのは特別に招待された場合に限られます。

バイヤー●牧畜民では、伝統的には一つのテントが台所にもなって、客間にもなります。

小西●テントの場合でも、だれがどこに座るかが決まっていますね。

バイヤー●客の座る場所は決まっていますし、男女の座る場所は異なりますね。

小西●そういう伝統的なつくりの住まいですと、部屋にしっかりと意味があって、それに基づいて空間ができています。それが崩れてしまうと、お客さんをどこに通したらいいかわからなくなってしまうのかもしれない。

小磯●日本はまさにそうなっていますね。

川村●作法としては、食事を出す順番などもありますよね。

小西●日本食ではそこにこだわりがあって、たとえば懐石料理ですと、綿密に内容と順番を考えます。人を招くことそのものが非日常的な出来事になっていると思います。

▲写真10〈上〉
ラダッキの台所
棚には食器が整然と並べられている

▲写真11〈下〉
装飾が施された竈

贈り物としての食に対する意識と姿勢の違い

ロバーソン●マナー、作法について考えてみると、日本の場合は階級や関係によって贈るものが変わりますね。お中元やお歳暮などについても、マナーやエチケットはあるのですか。

川村●一つは、どこのデパートから贈るかがありますね。同じデパートでも、東京なら日本橋の本店から贈るのが望ましいと聞きました。贈るものの金額もありますね。お返しはもらったものの5割から3割程度のものを贈るという考え方などがあります。

小磯●あまり高価なものを返してはいけないこともありますね。

川村●高価なものをあげてもいけないし、低くてもよくない。どのくらいの目安で贈るかなどと、気を配ります。

小西●あまりに高価なものを贈りすぎると、何か下心があるのではと思われるかもしれません。

ロバーソン●「手土産」という言葉もありますね。大学院生のころにハワイで少しだけ三線を習ったことがありましたが、その先生は沖縄出身の人でした。妻が日本の文化を教えてくれて、その先生の家で稽古を受けるときには、必ず手土産を持っていきなさいといわれて、だいたいフルーツなどを持っていきました。

あまり高いものはいけないが、何か持っていかないといけないという考え方はアメリカにはあまりないですね。パーティなどで人の家に行くときには、「Take a bottle of wine」ということがありますが、それは本当に人とのふれ合いのためなので、日本とは少し違うような気がしています。

山田●日本では「手ぶらでは行けない」という言い方がありますね。

川村●たとえば和菓子を持っていっても、日本ではいっしょに食べるわけではないですね。

小磯●最近では「では、いっしょにいただきましょう」ということもありますが、フォーマルにはしないですね。

川村●むしろあけたら失礼という考えがある。

ロバーソン●アメリカでは逆ですね。何か持っていったら、「Let's eat」。
川村●そのほうがいいような気がします。
小西●持っていく食べ物の賞味期限も気にします。相手がすぐ食べずに、あとから食べられるほうがいいとか。よく考えてみると不思議ですよね。
バイヤー●もらったプレゼントをほかの人に渡すことは、ドイツやヨーロッパでは失礼だと考えますが、チベットでは、もらったものを後で人に渡すことがあります。たとえば、ある高僧にお茶をもらったことがありますが、それは、もともと彼がプレゼントとしてほかの人から大量にもらったものでした。賞味期限が切れるからほかの人にあげる。そのときは、賞味期限はすでに切れていましたが。(笑)
山田●高僧の場合は、カタ[11]などをあげたらお返しをいただきます。お坊さんからもらうものは、ありがたいものとなっています。
川村●法事でお坊さんが来ると必ずお茶と和菓子は出しますね。お坊さんが食べないときは、包んで持たせる。私の周りでは、お布施と和菓子をセットにしてお渡しします。
山田●チベットやラダックでも、お坊さんが法要に来られたらきちんともてなして、お金も渡しますから、それは同じだと思います。

地域と地域を結ぶ食
──海を渡り、越境するつながり

バイヤー●ドイツには、昔であれば船に乗ってアメリカに行くときなどに、保存食として必ず持っていくツワイバック(Schifffszwieback、堅パン)というビスケットがありました。
川村●乾パンのようなものですか。
本康●干し飯のような感じですね。
バイヤー●金沢はどうですか。昔、中国との間で行き来していた船はありますか。
本康●直接北陸から行った船でいうと、渤海という国があった時期

---

[11] カタ(kha btags)は、歓迎、惜別、敬意やお祝いの気持ちを表すために捧げる白いスカーフ［ケルサン 2003］。

には記録があります。この遣渤海使のときは能登などが窓口になっていました。現在の志賀町の富来地区には渡来した使節に応対する施設があって、そこと行き来していたので、その段階ではかなり貿易品も入っています。渤海がなくなったあとは、どちらかというと九州などの港が盛んになりました。

川村●渤海から能登まで船で来るのに、どのくらいの日数がかかりましたか。

本康●1週間ぐらいじゃないですか。でも、おそらく何か保存食のようなものは持っていったと思います。

　ほかに金沢に関わる国内のルートでいうと、北前船の航路があります(105ページからの論考を参照)。北陸の場合は北海道とのつながりも大きかった。

川村●北前船は北海道から来てずっと南に下りて、下関を回って瀬戸内海から大阪に行くんですね。

ロバーソン●北海道とつながりがあれば、たとえば金沢には昆布を利用する文化がありますか。

本康●お正月に食べる昆布巻きや昆布締め、身欠き鰊が入った鰊うどんや鰊そばなどが多いのは、やはり北海道との関係によります。

　このあいだ聞いたのですが、金沢や石川県の人はタラコのことを「もみじこ」と呼ぶんです(105ページからの論考を参照)。

川村●たしかに祖母は「もみじこ」といういい方をしました。

本康●ニンジンやトウガラシを入れてすりおろした大根おろしのことを「もみじおろし」といいますが、あれではなくて、タラコのことを「もみじこ」といいます。

小磯●色からでしょうか。

本康●おそらく赤い色からだと思います。しかし、それは金沢周辺の石川県と富山県、それから北海道の積丹半島のつけ根にある岩内町(岩内郡)周辺でしか言わないようです。おそらく北海道の文化が金沢に来たのでしょう。いろいろ調べたら、歴史的にいうと、岩内郡

の人たちが余ったタラの子を漬けて、「もみじこ」という商品名で出したのが始まりのようです。

山田●ブランド名でそうなってしまった。

本康●それが北陸へ北前船や北海道開拓の関係でダイレクトに入って、石川県の人も「もみじこ」というようになったという話を聞きました。

ロバーソン●日本の食文化のなかで、海藻は保存食になるんですか。

本康●なると思いますよ。昆布そのままを主食にすることはないと思いますが。

小磯●水に戻して調理する。大事な食材ですよね。だしをとるだけではなくて。

山田●昆布は沖縄まで運ばれて、料理の大事な材料となっています。

ロバーソン●沖縄は消費量トップクラスでしょう。

小西●北陸だと富山の消費量が多いですね。

川村●昆布巻きは小さいときによく食べました。ニシンなどが巻いてある。

小西●関西でも子どものころ昆布はよく食べました。昆布の佃煮はご飯につきものでした。酢昆布のお菓子も、遠足で食べたりしていましたね。

山田●食は人と人や地域と地域を結びつけるコミュニケーション・ツールともなりますね。食材や料理の伝播、拡がりに注目して考えてみることも、各地域の社会や人びとの姿を捉えるうえで、欠かせない視点の一つといえるのではないでしょうか。

参考文献

ケルサン・タウワ［編］（2003）『チベット語辞典 蔵日・日蔵』東京：カワチェン。

食と宗教性
ヒンドゥー教徒の食文化における
浄・不浄観

小磯 千尋

1 多様な風土と食

　中国に次ぐ世界第二の人口を有するインドでは、2017年現在13億人に達する勢いで人口が増え続けている。「インド亜大陸」とも称されるインドの国土は日本の約9倍と広大で、その風土は地域ごとに大きく異なり、それが農作物の違いとなってインドの食文化に地域差をもたらしている。南の半島部から東にかけては年間を通じて気温も高く稲作が盛んで、主食は米となる。北インドの平原部では雨が少なく小麦が主産物で、主食は小麦を使った無発酵のパン、チャパーティーなどが中心となる。南と北の中間地域では米と小麦とともに雑穀も食べられている。

　これらの主食とともに食べられる主菜が、いわゆる「カレー」と総称される各種香辛料で味つけされた豆や野菜、肉や魚の料理である。豆（ダール）スープは和食の味噌汁にあたりインドの食事に欠かせない。料理にはインド原産といわれるコショウやウコン、クミンなどが古くから用いられ、大航海時代以降に南米からもたらされたトウガラシが辛みづけとして不可欠となっていった。地域ごとに地名が冠された料理が存在し、使う油と香辛料の違いによって、地方独特の料理が生まれている。「インド料理」と一括りにできない多様さがインドの食文化の一つの特徴である。

　宗教的な理由から素材や調理法が「浄・不浄」で判断されることも、インドの食文化のもう一つの大きな特徴である。さらには異民族の侵入の歴史がさまざまな調理法に表れることも、インドの食文化の特徴にあげられる。

2 浄・不浄とは

　インドの人口の8割近い人びとが信仰するヒンドゥー教は民族宗教に数えられ、キリスト教、仏教、イスラーム教のような世界宗教ではない。創始者もおらず、『聖書』や『クルアーン（コーラン）』にあたる聖典もない。ヒンドゥー教とは「Way of Life」、すなわち生活全般にわたる生き方すべてを含むものであるといわれている。つまり、神々への信仰だけでなく、食事や衣服、住居、人

間関係などさまざまな生活の側面に関わり、すべてを規定する目安となるものとされている。その根幹となる観念に、世界のあらゆる物象が清浄さと汚れという属性をもつとする浄・不浄観がある。このような観念は日本をはじめあらゆる民族に見いだせるが、とくにヒンドゥー教のもとで顕著に発達した。

紀元前2世紀から紀元後2世紀ごろに成立したとされる『マヌ法典』❶には、人びとの生活規範や、浄・不浄について言及した項目が多い。『マヌ法典』に言及された具体的な浄・不浄の事例は、①死によってもたらされる不浄、②誕生によってもたらされる不浄、③特定の行為がもたらす不浄、④本来的に不浄とされるものの四つに大別される。これらの不浄と汚れは実体として意識され、それが付着し、他者へも伝染すると信じられていた。この稿では食にまつわる不浄について焦点をあてるにとどめる。

④の本来的に不浄とされるものは、身体から出る12のマーラ(*mala*：脂、精液、血液、ふけ、小便、大便、鼻汁、耳垢、痰、涙、めやに、汗)である(MS*: 5-135)❷。これらは土あるいは水で浄化される(MS: 5-134)。12のマーラには列記されていないが、唾液も身体から出る不浄をもたらすものと考えられている。とくに食事に関連した不浄は唾液によってもたらされるとされ、細心の注意が払われている。

ヒンドゥー教徒はたとえ親子でも、一定の年齢に達したら同じ皿から料理を食べることをしない。幼少期に母の手から食事を食べさせてもらうのは一般的だが、日本の元服式にあたる聖紐式(*Upnayan*)❸を終え、一人前のヒンドゥー教徒として社会に受け入れられたら、他者の唾液によって汚れた可能性のある食べ物は食べない。聖紐式の大事な儀礼に、マートゥリボージャン(*matribhojan*：母との食事)といって、母親の手から食べさせてもらう最後の食事がある(写真1)。その儀礼以降、母親と同じ皿から食事をとることは基本的にない。

食事の際は、浄なる右手を使って料理を口に運ぶことになるが、一旦料理

---

❶ 紀元前後2世紀ころの著作といわれているインドの古典法典。おもにバラモンの日常生活の規範や倫理観を説いたが、全ヴァルナ・ジャーティ(注❹参照)の社会規範などに言及した書。

❷ 渡瀬信之訳『マヌ法典』5章135節の省略。

＊以下、MSは渡瀬信之訳『マヌ法典』を示す。

❸ ヒンドゥー教徒の16の通過儀礼の一つ。母胎からの誕生とは別にヒンドゥー教徒としての生を受けるために聖紐、ジャネーウー(*janeū*)を着ける儀式。

◀写真1 聖紐式のマートゥリボージャンの様子。いっしょに写っているのは、少年の母方の叔母と父方の祖母。
食事のメニューは日常的なもので、ご飯に豆のスープを混ぜたものと惣菜

◀写真2 もっとも清浄なる皿であるバナナの葉に料理をよそう一家の主婦。チャパーティー、ご飯、数種のチャトゥニー、惣菜、豆のスープ

を食べ始めた右手は、食事をしている者の唾液がついているため、他者にとっては不浄なものとなる。料理を口に運んだ右手で共用の食器などに触ることはタブーとされる。そこで専門に料理をよそう人が必要になってくる。基本的に家庭ではその家の主婦が配膳をおこなうことになり、家族の食事がすむまでは自ら食事をとることはない。

　一度皿によそわれたものはジューター (*jutā* = 汚れた) とされ、共用の皿に戻したりすることはタブーである。インドでは客をもてなすときに、かなり強引におかわりを勧めることがもてなしの要とされている。よそわれるほうが、

▶写真3 祭りの特別食。カランジーというココナッツの甘い餡を入れた揚げ餃子のようなお菓子とラッドゥーというお団子状のお菓子がメイン

「バス、バス（bas＝十分です）」と、お皿を手で覆って断っても、その手の隙間から強引にお菓子などがよそわれる。食べられないからといって、隣の人のお皿に置いたりするのは厳禁である。日本的に各自の箸で「鍋をつつく」などはヒンドゥー教徒にとっては想像を超えた行為ということになるだろう。

　南アジアの人びとが右手で食事をすることも浄・不浄の観念と密接に結びついている。たとえ衛生的に洗浄されているにせよ、誰が使ったかわからないフォークやスプーンを使うよりも、きれいに洗った自分の右手ほど浄で安全な食器はほかにない。同じように、お皿や汁物を入れる容器も、一般的にはステンレス製のものが使われているが、もっとも清浄な器は切りたてのバナナの葉や、沙羅双樹の葉を重ねて作ったお皿やお椀となる。使い捨ての容器は使用後には牛たちの餌となり循環する。

　列車で旅をするときに、旅の疲れを癒やしてくれるインド式ミルクティー、チャーエも最近ではプラスチックのコップに代わってしまったが、かつては窯で焼きたての素焼きの不揃いのカップで供された。少々土の粉が混ざっていようが、誰も使っていないカップはもっとも浄なる安全な器とされた。甘いチャーエで喉を潤したら、そのカップを地面に叩きつけて割って自然に返

すのがインド式スタイルであった。

　また、南アジアの人びとはコップやペットボトルから水を飲むときに、直接口をつけることはせず、口を離していわゆる「滝飲み」をする。これも自らの唾液でコップやペットボトルを汚さないための配慮である。

　結婚式など大勢の人びとが共に食事をとる場では、他者からの汚れを受けやすく、浄性を維持することが重要になっている。ヒンドゥー教徒は、浄化作用を持つと信じるギー(精製バター)や油で揚げることによって不浄性を避けることができると信じているため、共食の場では油を多用した料理が供される。

　油をたっぷり使った料理は「パッカー(*pakkā*)」とよばれる。このパッカーは本来「熟した」という意味だが、「パッカーな家」というと鉄筋コンクリート製のしっかりとした造りの家をさし、「パッカーな道」というと舗装された道というように、「きちんとした」という意味でも用いられる。反対に「カッチャー(*kacchā*)」な料理とは、油を使わずただ煮ただけの料理をさす。カッチャーは「生の、未熟な」を表す語だが、「カッチャーな家」とは、泥や日干し煉瓦の家をさし、「カッチャーな道」とは未舗装の道路を意味する。このパッカーとカッチャーはインド的浄・不浄観を考えるときに重要な概念となっている。

3 なにを食べてはいけないか

　ヒンドゥー教徒は、「なにを食べているかでその人がわかる」と同時に、「出自に応じたものを食べる」と信じている。つまり、なにを食べているかで、その人物がどのような人か推測できるという。宗教やカースト❹が、食事の仕方

---

❹この稿ではインドの身分社会体制を便宜的に「カースト」と記述したが、カーストはポルトガル語の「カスタ」(家柄、血統)に由来する。インドではカースト集団を「生まれを同じくする者の集団」を意味するジャーティ(*jāti*)という語でよぶ。日本人がカーストとよんできたものは、インドでは「色」を表すヴァルナ(種姓)とよんでいる。つまり、カースト=ヴァルナ・ジャーティ制と捉えるとわかりやすい。ヒンドゥー社会における個人、集団の階位的な位置づけをおこなうものである。バラモン(僧侶)、クシャトリア(武人)、バイシャ(商人)、シュードラ(農民ほか生産従事者)の大枠の中に、何千といわれるジャーティが「清浄」の度合いに応じて格付けされた。バラモンを頂点にカースト外に置かれた「不可触民」を最底辺とするヒエラルキーである。1949年に制定されたインド共和国憲法ではカーストを撤廃し、「すべての国民は法の前で平等」としたが、未だに厳然とインド社会に根づいている。

を規定しているといっても過言ではない。

　カーストの序列は食物の質の序列とも関連している。カーストとは社会的序列だけではなく、生来の質を表すともいわれている。最高の質とされるサットヴァ（sattva＝純質）は、純粋さ、高揚した精神、明るさを意味し、司祭階級のバラモンに関連づけられる。サットヴァ的食べ物とは、穀物、野菜、果物、木の実、ミルクやヨーグルトをさす。サットヴァに次ぐ質であるラジャス（rajas＝激質）はエネルギーと力を表し、武人や商人カーストと関連づけられている。ラジャス的食べ物とは、赤い肉、辛いスパイスやニンニクやタマネギのように刺激の強いものをさす。もっとも劣る質とされるタマス（tamas＝翳質）は、低いカーストと関連づけられる。タマスは不活発性、重さ、暗さを表す。タマス的食べ物とは、アルコールや新鮮でない肉、キノコ類であるといわれている。

　『マヌ法典』で禁止される飲食物についてみてみよう。食生活においてバラモンたちはマナーよりもなにを摂取し、どのような飲食物を避けるべきか、どのような人間から食べ物を受け取ってはならないかという点に注意を払ってきた。『マヌ法典』の作者が確立しようとした価値世界は、不浄（汚れ・罪）を排除し、清浄を保持することを本質としている（渡瀬 1990：122-123）。

　『マヌ法典』では、とくにバラモンが摂取すべきではない飲食物として以下のものをあげている。

- 野菜・果実では、ニンニク、ニラ、タマネギ、キノコ、不浄な土壌から生じるもの。

　いずれの食物もにおいがきつい、菌から生じる食べ物であることなどから摂取が禁止されている。現代のインド料理においては油で炒めたタマネギが味に深みを出すものとして不可欠であるが、紀元前後２世紀ころの厳格なバラモンの食事では禁止されていた点は興味深い。

- 肉はニワトリ、その他の鳥、スズメ、ツル、オウム、ムクドリ、キツツキ、水鳥、爪で餌を切り裂いて食べる鳥、潜って魚を食べる鳥、蒼鷺（あおうぐいす）、渡り鳥、単独で行動する鳥、判別できない鳥。
- 単蹄動物、魚を食べる動物、畜豚（ちくとん）、屠畜場の肉、乾肉、五爪動物（ごそう）（ヤマアラシ、ハリネズミ、オオトカゲ、サイ、カメ、ウサギを除く）、供犠用ではない肉。

- すべての魚類。
- 禁止される飲み物は、酒。乳のうち、ラクダや単蹄動物、ヒツジのもの。交尾期や出産後10日に満たない牝牛および仔牛を連れていない牝牛のもの。また、スイギュウを除く野生動物の乳。妻の乳。赤い樹液。樹の切り傷から流れ出ている樹液。

　不浄物と接触した飲食物も摂取すべきではないとされている。それは、月経中の女が触れたもの、犬が触れたもの、頭髪や虫が混入しているもの、牛が匂いを嗅いだもの、くしゃみがかかった食べ物、意図的に足が触れられたもの、バラモン殺しをした者にみられたもの、産後の女に用意されたもの、死による10日の汚れが過ぎていない家の食べ物である(渡瀬 1990: 123-125)。

　以上のように具体的に摂取できない食べ物の例をあげているが、『マヌ法典』では肉食、牛肉食を明確に禁じてはいない。「供犠用ではない肉」を禁止項目にあげていることから、「供犠された肉」ならば「牛肉」も禁じられていたわけではないことが推察される。

4 菜食者(ヴェジタリアン)と非菜食者(ノン・ヴェジタリアン)＝肉食

　今までみてきたヒンドゥー教的浄・不浄観に照らせば、肉食は菜食に比べて必然的に不浄となる。また菜食主義とは不殺生を信条とするために、屠殺そのものがタブー視されているだけでなく、肉を体内に取り込むことは自分がその動物の獣性を帯びてしまうという考えに基づいて嫌われる(小磯千尋・小磯学 2006: 156)。また、輪廻転生を信じるヒンドゥー教徒には、動物や魚を食べることは、自らの祖先を食すことになりかねないという忌避感が働いている。

　ヒンドゥー教において牛は三大神の一人であるシヴァ(*Shiva*)神の聖なる乗り物であると同時に、すべてに恵みを与えてくれる母なる牝牛(*kāmadenu*)として敬う思いがあるため、ヒンドゥー教徒は牛を食べない。

　全人口の約7割が農村に居住しているインドにおいて、牛は聖なる動物であると同時に、農村経済を支える動力としても欠かすことのできない存在である。現在でも、牡牛は荷車を引き、田畑を耕す犂を引く。また、牛から得ら

れる聖なる五つの分泌物（pānca gavya＝乳、ヨーグルト、ギー、尿、糞）は浄化作用があるとされ、ヒンドゥー教の儀礼に欠かせないものとなっている。牛糞は藁と混ぜて乾燥させると調理用の燃料となる。また、農村の土の床に牛糞を水で溶いて塗布すると蟻や毒虫を寄せつけないため、定期的に塗布する。小学生向けヒンディー語の教科書に、「牛は生きている間はひたすら人間に尽くし、死んでからは、皮はサンダルに、骨はボタンに用いられる」という一文があり、無私の奉仕のシンボルとして讃えられている。

　菜食・非菜食が浄・不浄観と密接に結びついていることは前述の通りである。現代のインド社会においても、菜食か非菜食かは日常生活のなかでも重要な問題となっている。しかし、菜食の定義は曖昧で、「エッグ・ヴェジタリアン＝エガタリアン」、つまり卵は食べる菜食主義者もいる。厳密に有精卵（命が宿っているから）は食べない場合と、有精、無精に関係なく卵は食べるという場合がある。極端な例では「フィッシュ・ヴェジタリアン」という自称菜食者もいる。こちらはインド東部のベンガルなど魚が豊富な地域のバラモンに多い。つまり魚は動物の肉ではないので「菜食」という解釈になるようだ。

　正確なデータはないが、菜食者はインドの全人口の3割弱❺といわれている。しかし、そこには地域差、ジェンダー差、宗教による差があるため解釈が難しい。ただ、肉を食べる人たちも、毎日食べる人は少数で、日常的な食事は菜食者とあまり差はない。

　菜食者は基本的に卵も食べず、酒類も嗜まない。厳格な菜食者は肉食者との同席も忌避する。肉を調理した可能性のある鍋や調理器具での調理も生理的に受け入れられない場合が多い。ゆえに外食が盛んになった現在でも、菜食専門のレストランと一目でわかるように看板に明記してある場合が多い。

　1990年代の経済自由化政策以降、工場で加工されパック詰めされた多様な

---

❺ 大手英字新聞 The Hindu がおこなった調査結果によると、人口の3割強が菜食というデータが出ている［2006年8月14日掲載］。一般的なヒンドゥー教徒は28パーセントが菜食者であるというデータもある。敬虔なヒンドゥー教徒、上位カースト、女性、高齢者で菜食者の比率が高いこともデータから読み取れる。一方、The Registrar General of India の2014年の調査によると、非菜食者は人口の71.6パーセントであった。同機関による2004年の調査では、非菜食主義者の人口比率は75パーセントであったので、この10年間に非菜食主義者の人口比率は3.4パーセント減少したことになっており、筆者の印象と逆の結果になっている。

食品が店頭に並ぶようになり、消費者はそれらの商品に含まれている成分が植物性か動物性かを気にするようになった。ビスケットやチョコレート、スナック菓子類、各種インスタント食品などは見ただけでは成分を判断することができない。このような消費者の要望を受けて、2000年にはラードなど動物性由来の添加物を用いた商品には、茶色の丸を正方形で囲んだマークを印刷することが食品添加物保護条例で法的に義務づけられるようになった。続いて、2002年には植物添加物のみを使用した食品には同じマークを緑色で示したもの(写真5)をつけることが決まり、菜食者も安心して買い物ができるようになった。このマークは食品だけではなく、レストランの看板に用いられることもある。

　厳格な菜食主義者にとって、食というのは「単に空腹を満たす手段ではなく、健康維持と精神的ゴールを目指す手段」であると考えられている。その背景には、「できるだけ食べない(食欲のコントロール)」ことが精神的高みを目指すためには大切だという価値観があった。修行者には「ファラーハール(*phalāhāl*)」といって、果物とミルクのみで体を浄める食事法が推奨される伝統もある。

　インド料理は菜食といっても、太陽の恵みを受けた多様な野菜を油とスパイスで炒め煮にした料理と、豆のスープ、乳加工品、サラダ、ピクルス等があって、バラエティ豊かである。その豊かさは肉の必要性を感じさせない変化に富んだものである。そのため、非菜食者といっても、おもに経済上の理由から、肉を食べるのは週に1度、または月に数回という程度で、日常的には肉のない食事が中心となって

▲写真4　ベーカリーの商品につけられたヴェジ・マークとノンヴェジ・マーク〈インドのプネー〉

▲写真5 ミルクチョコレートのパッケージに印刷されたヴェジ・マーク

▲写真6 ヴェジタリアン・レストランのターリー（定食）。中央の薄い煎餅状のものはパパド、その右はプーリーという揚げパン〈インドのプネー〉

いる。インドの菜食文化を支えているのは豊かな農作物を生み出すインドの大地であるといっても過言ではない。また、油とスパイスと乳製品や種類の豊富な豆類を含む素材の組み合わせの妙で、料理が単調になりにくい点も菜食を維持できる利点といえる。

5 牛肉食をめぐって

ヒンドゥー教における牛肉食のタブーについても簡単に触れておきたい。ヒンドゥー教徒は、牛は聖なるゆえに、豚は不浄なるゆえに食べない。紀元前1500年ころ中央アジアから北インドに来住したアーリア人は、ヒツジやヤギを飼育しながら移動する遊牧民であった。彼らがもたらした宗教がヒンドゥー教のもととなったバラモン教である。バラモン教では、祭壇を作り火の神アグニ（*Agni*）を招来し、さまざまな供物を護摩供養という形で天界の神々に捧げて、現世の安寧を祈願する。バラモン僧が難解なマントラ（真言）を唱え、人びとと神がみとの橋渡し的役割を担っていた。過去の文献[6]から、供犠に

[6] D.N.Jha（2002）に詳しい。ヴェーダの時代（BC1500年ごろからBC500年ごろ）の牛肉食を詳細に論じた本書は、右翼政党の反発を受け発禁処分にあったが、再刊された。

ふされた牛を含む動物がバラモンによって食べられていたことが明らかとなっている。

　牛肉食がいつからタブーとなったかには諸説あるが、不殺生を説く仏教やジャイナ教の影響が大きいといわれている。また、マーヴィン・ハリスは、牛の神格化と牛肉食のタブーには農業経済上の理由があると論じている❼。牛肉を1キロ得るためには飼料が最低10キロ必要になるといわれ、人口増加が著しく食料確保が厳しい社会において、効率の悪い肉食を意図的にやめさせるために、牛の聖性を強調したという見方もできるかもしれない。現在、ヒンドゥー教徒の非菜食者も、牛肉と豚肉だけは食べない。

　牛肉は肉の中でもっとも価格が安いという経済的な理由もあり、社会の最下層に位置づけられる人びとの一部は牛を食べている。なかにはヒンドゥーの教義への対抗実践として、あえて牛肉を食するという人もいる(松尾 2016: 36)。もちろん、インド国内のキリスト教徒、イスラーム教徒は牛肉を食べる。

　2014年にヒンドゥー至上主義を標榜するインド人民党(*Bharatiya Janata Party＝BJP*)が政権を握ってから、ヒンドゥー教的価値観に基づいたさまざまな政策が施行されている。牛の屠殺を禁じる法律が大多数の州で成立し、屠殺だけではなく、保持、売買も禁止されるという極端な事態が起こっている。

　この法律の施行とともに、牛肉を食べているといった密告や誤解によって、ムスリムの家族がヒンドゥーの集団に暴行されて死亡するといった痛ましい事件や、牛肉が積まれているとみなされた列車が襲撃される事件なども生じている(松尾 2016: 37)。牛が政治的シンボルとして利用されている感が否めず、宗教的・階層的対立を煽る手段となっていることに危惧を抱かずにはいられない。

---

❼ マーヴィン・ハリスは『食と文化の謎』第2章「牛は神様」で、牛肉食が禁止になっていった過程を詳細に分析している。人口密度が高くなるとともに、牛は人間と食物をとりあうようになり、やがて牛の肉はコストがあまりに高くつくものとなる。同時に農民が犂を引かすために牛を使い始めると、人口も増加し、広く肉食一般、とくに牛肉食の中止も同時にはじまったとしている(マーヴィン・ハリス 1998: 57-58)。

6 社会と食の関わり

　厳格な菜食者にとっては、誰が調理したかわからない、また肉を料理した調理器具で作られたかもしれない料理にお金を払うことには抵抗感があり、インドでは大衆的外食産業はあまり発展しなかった。1990年代の経済自由化政策以降、飲食業界も知恵を絞り、厳格なヴェジタリアンが多く暮らす都市では、レストラン自体が菜食のみ提供することをアピールして客の獲得に成功していった。都市部や若い層を中心に肉食に移行する人が増えているというデータもあるが、肉食が不浄視されカースト制度上低く位置づけられる傾向が強いため、肉を食べることを公には隠すケースもある。夫や子どものために肉や卵料理を作るが、自らは口にしない女性も多い。家庭では菜食だが、外食では肉を食べ、海外では牛肉さえも食べるという男性もいる。

　また逆に、あるカーストの成員が結束してバラモン的な菜食主義や禁酒など、ヒンドゥー教的見地から浄性が高いとされる慣習を取り入れることによって、社会的ランクを上昇させようという動き[8]もみられる。その背景には、肉食を避けることが上位カーストの下位カーストに対する道徳的・社会的優位性を示すものとして理解されてきた(井坂・山根 2016: 62-63)経緯があるといえよう。菜食者、肉食者のいずれの場合にもさまざまな制約を守ることがヒンドゥー教徒としての信仰の証であり、アイデンティティの拠り所ともなっているといえる。

参考文献

井坂理穂・山根聡 (2016)「食からみるインド史——中世から現代まで　連載第3回　イギリス植民地支配と食をめぐる変化」味の素食の文化センター[編]『Vesta』No.104。

---

[8] この社会的動きを、インド人社会学者 M.N. シュリーニヴァースが1952年に著作 *Religion & Society among the Coorgs of South India* において「サンスクリタイゼーション(sanskiritization)」と名づけ学術用語として定着した。日本語では「サンスクリット化」と訳される。

小磯千尋・小磯学（2006）『世界の食文化8──インド』農山漁村文化協会。

ハリス、マーヴィン〈御堂岡潔訳〉（1988）『文化の謎を解く』東京創元社。

ハリス、マーヴィン〈板橋作美訳〉（1998、新装版2014）『食と文化の謎』岩波書店（岩波現代文庫）。

松尾瑞穂（2016）「インドにおける身体観と食のタブー」味の素食の文化センター［編］『Vesta』No.102。

渡瀬信之訳（1990）『マヌ法典』中央公論社。

Jha, D.N. (2002). *The Myth of the Holy Cow*, Verso, London.

Srinivas, M.N. (1952). *Religion & Society among the Coorgs of South India*, Oxford University Press.

座談会 III

「食」からみる
北陸・石川・金沢

比較食文化学からの地域研究の可能性

●参加者●

川村義治／小磯千尋／小西賢吾／アヒム・バイヤー／
本康宏史／山田孝子／ジェームス・ロバーソン

「食」のなかでも米と酒は、人びとの暮らしと切り離せない不可欠の存在。
そして北陸地方は米所・酒所として知られます。
世界の酒と北陸のもてなしの食を手がかりに
世界と日本、世界と北陸、世界と金沢をくらべてみると
つながりと違い、新たな価値もみえてきます

ジェームス・ロバーソン●東京から石川に来るとき、たくさんの人に「金沢に行くんですか。いいですね、食べ物がおいしいから」と言われました。

小磯千尋●それはみんな言いますね。鮮魚などは、どの店に入ってもおいしいよと言われます。

ロバーソン●「金沢はお魚がおいしい」とか「すしがおいしい」というのは、日本人のスタンダードな考え方ですか。お世辞だったかもしれないけれども、すごく印象に残っています。

小磯●ご自身はどう感じましたか。

ロバーソン●すしはまだそれほど食べていませんが、このあいだ、すごくおいしい日本酒を飲みすぎたことはありましたね。(笑)

石川県で展開する酒と祭りと乳製品による地域再生

＊上質の水が育む日本酒、焼酎で再生する地域＊

小西賢吾●食とかかわりの深い酒の話をまだしていませんでしたね。北陸の酒の話も含めて、いかがでしょうか。

ロバーソン●私は「おいしい」というだけしか話すことがない。(笑)

小磯●日本酒は何がおいしかったですか。私も飲み比べていますが、「天狗舞」というお酒はどうですか。

本康宏史●「天狗舞」をつくっている車多酒造（しゃたしゅぞう）さんの社長は、私の友人なんです。2015年には、私のゼミ生が酒造業について論文を書きましたし、蔵の見学もお願いしました。車多酒造さんは、石川県立大学の近く、白山市にありますが、あのあたりにはほかにも酒蔵がいくつかあります。白山の水が伏流水になっていて、いい水があるのです。車多酒造さんでは酒づくりには水道水を使わず、井戸水を使っていて、それでおいしくなるということです。

アヒム・バイヤー●石川県では日本酒がよく飲まれているようですが、焼酎文化はありますか。

「食」からみる北陸・石川・金沢——比較食文化学からの地域研究の可能性

▲図1
北陸と能登・加賀

川村義治●以前はあまりなかったと思います。

小西●能登でいま焼酎を売り出しているのには、どのような背景がありますか。

本康●能登島で休耕地が増えて、何とかしてくれないかという話が自治体から出たときに、金沢星稜大学の小坂修前副学長のゼミが、耕作放棄地対策研究の一環としてサツマイモを植えたことから始まったと聞いています。何年かして、イモを植えて食べるだけでは採算がとれないので、焼酎をつくることになりました。現在では「金星」という銘柄の焼酎をつくって売り出しています。

限定版というか、注文生産のようなかたちで、芋のできた量に合わせて製造しています。石川県には焼酎製造のプラントがないので、焼酎自体は長野で醸造しているそうですが、ラベルはオリジナルで、学生がアイデアを出したそうです。現在では、金沢星稜大学経営学科の奥村実樹ゼミが受け継いで、市販も始めています。2015年からはカナカンさんという北陸でも大手の食品流通業者が引き受けてくれて、流通しています。

世界の酒と能登のもてなしの食

山田孝子●私の研究対象地域のミクロネシアの島々には、ココヤシの果穂の先端を切って集めた樹液を発酵させたヤシ酒（写真1、2）があります。シベリアのサハ共和国やモンゴルには馬乳酒がありますね。

小磯●飲んでみたいですね、馬乳酒。おいしいですか。

山田●アルコール度も低くて、飲みやすく、おいしいです。シベリアのサハでは、馬乳酒は春のウマの出産後のしばらくのあいだしかつくられません。ウマの搾乳はウシみたいに長期間にわたってできるものではなく、出産直後の時期だけなので、馬乳酒はたいへん貴重

な春の恵みとなっています。サハの夏至のころに開かれる馬乳酒の祭り「ウセフ祭り[1]」(写真3)やモンゴルのナーダムには、馬乳酒が登場します。これらの祭りの時期は馬乳酒が一番とれるときでもあり、祝祭が酒の豊富な時期に合わせて開かれていることがよくわかります。

小西●能登の祭りには「ヨバレ」という習慣があります。これは接待、およばれという意味ですが、お祭りに参加した人たちが、各家でいろいろなものをごちそうになる。2015年に大学のプロジェクトで奥能登の祭りに参加したのですが、私は祭り好きですから、とくにおもしろい体験でした。

本康●能登は口能登と奥能登と中能登に分かれて、奥能登は最北部、珠洲市、輪島市、能登町、穴水町の四自治体をさします(前ページ地図参照)。その四自治体が地域連合を構成し、その地域連合と、金沢大学と金沢星稜大学、石川県立大学、石川県立看護大学の大学連合とが連携して、「能登キャンパス構想推進協議会」をつくって、四自治体とともにさまざまなプロジェクトを実施しています。

その活動の大きな柱の一つに、能登の祭りに学生が参加して、キリコ[2](写真4)を担いだり、おみこしを担いだりしていっしょに盛り上げる「能登祭りの環プロジェクト」があります。その窓口が金沢星稜大学の地域連携センターになっていて、毎年夏には100名以上

▲写真1〈上〉
プンラップ島でのココヤシの酒の酒盛り
男性たちはココヤシの酒を楽しみにし、できあがると昼間でも集まって酒盛りを始める

▲写真2〈下円〉
プンラップ島でのヤシ酒づくり
ココヤシの果穂から果汁を採って、ヤシ酒を造る

---

[1] 馬乳酒の祭り、夏至祭りともいわれる。サハは、世界が「上の世界」「中の世界」、「下の世界」の3層からなるという観念をもち、この祭りでは、「上の世界」の神々に馬乳酒が捧げられる。

[2] 能登半島、特に奥能登の祭礼で広く見られる灯籠。本体には彫刻や塗り物の装飾が施されたいへん豪華であり、最大のもの(珠洲市寺家地区)は高さ16メートルあまりに達する。キリコは各集落で管理され、7月から10月にかけての神社の祭礼で人びとが担いで練り歩く。近年では、担ぎ手の減少により車輪をつけるケースや、学生をはじめ地域外からの参加者によって維持されているケースも多い。

▲写真3〈上左〉
ウセフ祭りで振る舞われる馬乳酒
「上の世界」の神々に捧げるために、特別な木製壺に入れられている

◀写真4〈上右〉
能登のキリコ
能登町矢波では4台のキリコが出て、集落内と神社、漁港などを練り歩く

の学生がそれぞれの祭りに参加しています。小西さんにはいくつかの祭りに参加していただきました。

川村●ヨバレというのは、家の入り口のところでするのですか、家の中まで入っていいのですか。

小西●両方ともありました。昔は豪華にしていたところで、現在はコストや人手の関係で縮小しているところもありますが、その地域の特徴ある食べ物が出てきて興味深かったです。とくに能登町の矢波では、クジラの刺身が出ました。

川村●いまでもクジラがとれますからね。

小西●真脇遺跡[3]が近くにありますが、もともと捕鯨の文化があり、お祭りの際にキリコが参拝する神社にもクジラの骨が埋められていて、興味深かったです。

本康●ほとんどイルカに近い小型のクジラです。能登沿岸のどこにでもいて、とくに内海、いまの能登町あたりに入ってきます。

山田●学生に、クジラを食べたことがあるかを尋ねると、手を挙げた人がいました。北陸では意外に食べている人がいることがわかり

[3] 能登町真脇にある縄文時代の集落跡で、国の史跡に指定されている。約4,000年間にわたり同じ場所に人が住みつづけていた形跡があり、各時代の遺物が地中に層をなしている。人びとがイルカ漁をしていたことを示すイルカの骨や、巨大なクリ材の木柱、各種の石器、土器などが出土する。いずれも考古学上の一級資料であるが、発掘が進んでいない部分も多く残されており、今後の調査が待たれる。

ました。

小西●祭りのとき、金沢星稜大学の日本人学生はわりと抵抗なく食べていましたが、留学生は怖がって、「まずは写真を撮ろう」といって、興奮していましたね。「本当に食べていいものですか」と、おっかなびっくりでした。

　珠洲市の粟津では一軒一軒をキリコがまわるのですが、そこではいろいろなものが出てきます。おすしやから揚げ、お酒などが軒先に置いてあって、好きに食べていいことになっていますから、ペースを考えずに飲み食いすると、最初の二、三軒でおなかはいっぱいになって、酔っ払ってしまいます。その状態でキリコを担ぐものだから、もう最後はみんなフラフラ。(笑) でも楽しかったですね。

酒をめぐる**ジェンダー**と日本の**アルコール文化**

バイヤー●文化によっては、祭りでアルコール類を飲むのは男性に限っていることもあるのではないですか。

山田●サハの場合は女性も飲みましたね(写真5)。モンゴルでも女性も飲むのではないかと思います。

小西●チベットでは男性が多いですね。

山田●女性も飲みます。飲んではだめだとはいいません。

小西●チベット東部のシャルコク地域では、チャンというオオムギを発酵させてつくった酒を、竹のストローを挿した樽(写真6)に入れて、祭りなどのときにはそれを回し飲みします。ただでさえ標高が高いから、慣れない人が飲むとすぐ酔っ払います。

山田●アフリカ、コンゴ民主共和国のバンツー系農耕民の調査では、バナナで酒をつくるのを眼にしました。バナナを潰して水を入れて発酵させるだけでできあがる、自然発酵の酒[4]です。おもしろいのは、バナナ酒をつくるのは女性で、彼女たちはバナナ酒をつくり、市に

---

[4] 糖分(果糖)を利用する場合には自然にアルコール発酵するのに対し、デンプンを利用する場合には、麹などによって糖分に分解させてからアルコール発酵させることになる。

▲写真5〈上〉
サハのウセフ祭りで振る舞われるご馳走
この祭りでは、串焼きにしたり茹でたりなどしたウマの肉料理と馬乳酒が必ず振る舞われ、女性も楽しむ

▲写真6〈下〉
チャン
オオムギを発酵させた酒。チベットの祭り、もてなしに欠かせない

売りに行き、自由にできる現金を手に入れる手段としていたことです。おいしいバナナ酒をつくって現金を得られる人とそうでない人とで、稼ぎ方に差がありました。

本康●古代には酒をつくるのは女性ですね。噛んで発酵させていた。しかし、ある段階から酒蔵には女性を入れなくなって、酒づくりをするのは男だけとなりました。

小磯●杜氏さんがいるからですね。

本康●女性を入れないというかたちで、ジェンダーの問題も関係してくるとは思います。

小西●能登杜氏[5]の歴史は、いつぐらいまでさかのぼれるのですか。

本康●近世じゃないですかね。人によっては室町時代までといっていますが、なかなか文献もありません。能登杜氏というのは、各地に杜氏集団がありますが、いまは珠洲市あたりを中心に一つの集団となっています。

山田●どこまで出かけているのですか。

本康●金沢や加賀の各地には必ず出ています。おそらく県外にも行くのだと思います。近年ではすごく少なくなっています。冬場の農閑期のときだけ杜氏さんとして働いている。

山田●兵庫県の西宮にも、丹波の人が杜氏として来ることがあります。

ロバーソン●日本のアルコール文化は世界でも特徴的だと思います。

---

[5] 農閑期に酒づくりのための出稼ぎに出ていた地域が日本各地にあり、地域ごとに独自の酒造技術を発展させた杜氏集団を形成し、各地の酒蔵で酒づくりをしていた。石川県の能登杜氏をはじめ、新潟県の越後杜氏、岩手県の南部杜氏、灘の酒蔵を担ってきた兵庫県の丹波杜氏などが知られている［高浜 2003］

現在の日本はビール大国でもあるし、日本産ウイスキーは世界中でレベルが高いと認められている。さらに、ワインづくりも上手になっていて、日本製のアルコールは種類が多い。伝統的なものとしてはもちろん日本酒、焼酎、泡盛ですが、最初の乾杯はビールというのも興味深いですね。

牧畜文化がないゆえに日本に根づきにくかった**乳製品**

山田●日本には、アルコール飲料のように外からのものを取り入れてレベルを上げたものがあるのに対して、チーズだけは一向においしくならない。日本には牧畜文化の伝統がないので、チーズや乳製品の利用に関するところが一番弱い部分です。

川村●ヨーグルトなどの乳製品は、日本にはあまり根づかなかったわけですね。

小磯●牛乳を飲むとおなかがゴロゴロしてしまう日本人がときどきいますね。分解する酵素を持っていない。

山田●牛乳を分解する酵素は、子どものうちはありますが、成人になるとなくなります。だから牧畜社会でもミルクを飲むというよりは、むしろ加工して利用する方が多い。

バイヤー●私たちがいま飲んでいる牛乳は工場で処理したものですから平気ですが、ウシから搾ったばかりの牛乳を飲むとおなかを壊す。私はチベットで飲みました。チベットにはヨーグルトもあります。

小西●私もヨーグルトやバターはだいじょうぶでしたが、たしかにチベットで絞りたての牛乳を入れたミルクティーを飲んだら、すぐおなかを下してしまいました。おいしいんですけどね。

川村●「乳と蜜の流れる地」という言葉がありますが、ミルクは豊かさの象徴ですね。

山田●牧畜文化の価値観を表していますね。チベット系の社会では、バターの生産量が豊かさのシンボルにもなっています。

本康●私の友人が金沢市内でチーズ専門店を経営していて、金沢にチーズ文化を根づかせようとすごくがんばっています。宴会のたび

に差し入れしてくれて、いろいろなチーズを食べさせてくれるので、すごく楽しいのですが、牧畜文化になじみがない私は、種類や味に詳しくないから、おいしさがよくわからない。(笑)

ロバーソン●チーズは、ワインといっしょに売るほうがいいかもしれない。

小磯●やっぱりチーズはワインと合いますね。

本康●ワインといえば、能登ワインもがんばっています。

川村●平成18年から醸造がスタートして、いまでは大人気です。

小磯●能登産のブドウでつくるのですか。

本康●地元で栽培しています。

川村●白と赤の両方があって、ちょっと辛口です。

食を手がかりに考える北陸・金沢の文化と歴史

毒消し・保存技術の発達にみる人びとの知恵

川村●酒によく合うつまみの一つに、「へしこ」[6]というぬか漬けがありますね(写真7)。米ぬかで魚を漬けたものですが、北陸の特徴的なものとしては、美川のあたりにはフグなどのぬか漬けがあります。塩からいものですが、うちの祖母もよく食べていましたね。

山田●房総にも「へしこ」がありますが、「へしこ」は「へしこ」でもイワシのことをさします。おもしろいですね。

本康●フグの卵巣のぬか漬けは、石川県に来られてみなさんびっくりしますね。

小磯●飲み屋さんによくありますね。

川村●3年ぐらい漬けると毒がなくなるらしい。

小西●卵巣以外の部分を含めて、フグを食べる習慣はもともと石川県にあったのでしょうか。

---

[6] 魚を塩漬けにした後、ぬかで漬けた北陸地方の郷土料理。石川県南部では「こんか漬け」と呼ぶ。イワシ、サバ、フグなどが加工される。

本康●じつは石川県は、フグの水揚げがすごく多いです。

川村●水揚げ量が日本一と聞きました。

本康●たくさんとれていたから、昔から食べていたんでしょうね。それにしても、その内臓の処理をするのに、だれかがぬか漬けにすると毒が消えるという製法を編み出したのはすごいなと思いますね。

小磯●あく抜きや毒抜きといった技術も、各地の文化のなかでいろいろありますよね。

山田●トチの実のあく抜き[7]もありますね。

川村●栃餅は白山麓あたりの名産ですね。

本康●どのような農耕をしているかということと、その貯蔵の話や発酵文化の話は関係していますね。白山麓の場合は、もともとコメがとれませんでしたから、クルミや堅果類の利用の話が出てくるし、また焼畑農業という話にもなり、作物をどう保存するかという話にもつながる。

山田●地域の特徴、暮らしの特徴と全部つながっていますね。

小西●金沢市のみそ屋、しょうゆ屋が大野町など海の近くに集中しているのは、何か理由があるのですか。

本康●よく言われているのは、醸造業だから水の問題、水がいいということです。石川県は白山があり、手取川の扇状地の水がたいへん質がいいことと関係しています。また、大豆は石川県ではそんなに多くとれないので、北前船(105ページからの論考参照)の関係で大豆を

▲写真7
サバのへしこ
スーパーマーケットのほか、土産物として観光地や駅でも手に入る。一尾まるごとのもののほかに、スライスしたものもある

---

[7] トチの実は灰汁でアク抜きをする。乾燥して保存したトチの実を熱湯に入れて一晩おいた後、殻を割って取り、水の中に入れて煮る。アワが出てくるが、水を足しながら4時間ほど煮たあと、灰を入れて蓋をし、翌日まで放置する。そのあとトチの実を水で洗い、5時間ほど水に浸けておくと、アクが抜けるという(白山、尾添地区における聞き取り、1972年7月17日)。

集積しやすいことがあって、金石地区や大野町で、だれかがビジネスモデルとして始めたと聞いています。必ずしも江戸より前にさかのぼることはないかと思います。

川村●江戸時代に紀州から醸造技術がもたらされたと聞きました。

本康●現在、大野にはしょうゆ蔵が20軒ぐらいあります。直源醬油というしょうゆ屋さんがもっとも大きくて、次に大きいのはヤマト醬油です。大野町は、江戸時代は村（郡役所支配）だったのですが、人口に対してそういう豊かな商人が多くなっています。隣の宮腰はまち（町奉行支配）でしたが、大野のほうがある段階で経済力が高くなる場合もあった。村だけれどもまちのような様相で、文化をたいせつにし、文化の拠点になっているところがあります。当然、北前船からいろんな情報が入ってきますから、その意味でも大野、金石などは別のおもしろい文化圏になっています。

「加賀ブランド」を生みだした**高度成長**という画期

ロバーソン●現在の日本で一般の人が伝統的な日本料理だと思っているものに、じつはそれほど歴史が古くないものはありますか。

本康●けっこう多いと思います。「和食」がユネスコ無形文化遺産になったときさまざまな議論があって、熊倉功夫さんがご尽力されていましたが、定義が難しかったそうですね。何をもって日本料理、和食とするのか。

結局、経済活動のありようが変われば、当然、生活スタイルも変わります。生活スタイルが変われば景観も変わるし、産業も食べ物も変わる。ですから、日本料理は基本的にはどんどん変わるはずです。変わるなかで、古いものをいかにリニューアルして残したかという話で、リニューアルをどんどん遂げているから残っているという話じゃないですかね。どれぐらい古いものをエッセンスとして残しているかということがあると思います。

小西●そうですね。常に更新しつつ、何か残していきたい気持ちがないと、おそらく続いていかないですね。

山田●そのときに、やはり何かエッセンス、核となるものを残しているところが興味深いですね。まったく新しいものはなかなかできない。

本康●人びとのニーズ、必要とされている部分と、物語、ストーリーができるかどうかという問題ですね。それによってみんなが納得できる物語。コミュニティが納得できれば、その物語は伝承できると思いますね。

小西●それは金沢の場合ですと、まずは「前田家」、「百万石」といったところでしょうか。

本康●「前田百万石」で物語をつくれば、だれも普通文句はいわない。基本、「加賀○○」と名前がついたものは、多くが戦後のものですよ。それも高度成長期以降ですね。「加賀友禅」、「加賀料理」、「加賀野菜」、「加賀象嵌」など、昔からそれぞれ生産に携わる人はいました。友禅は江戸時代からありますし、野菜もつくっているわけですが、それを「加賀」でブランド化するのは戦後のいわゆる商業的な発想です。たとえば「加賀友禅」などというネーミングは、百貨店の三越が考えたものですよ。「加賀料理」も料亭の人たちが、そういう名前にしましょうと決めて売り出したものでした。

川村●ものはあったけれど、呼び名はなかったということですね。

本康●そうです。基本的にベースはあって、金沢の場合はそれがある程度洗練されて商業的に成り立っている。それをよりアピールするためにブランド化しなくてはいけないときに、「加賀」や「百万石」と名前をつけておけばいけるだろうと。

ロバーソン●戦前・戦後よりは高度成長期、1960、1970年代が節目になっているんですね。

本康●歴史学、近代史では、私たちの世代以前は1945年を境に戦前・戦後で時代区分することが一般的でした。それは戦後民主主義や憲法の問題を含めて、そこでスパッと分けたいという気持ちがあったわけです。しかしここ20年、30年ぐらい前から民衆史、社会史の視点が入ってきて、人びとの生活からいうと、高度経済成長前までは

江戸時代の生活とそんな変わらないじゃないかという話が出てきた。高度経済成長でかなりの変化が起こったので、やはりそこで区切ったほうがいいのではないかというのです。

バイヤー●それは食文化に限らずということですか。

本康●衣食住すべてですね。

ロバーソン●川村先生の思い出の食であるオムライスは……。

川村●オムライス自体は以前からあったと思いますが、たしかにその時期に実家の暮らしは一変しました。

小西●座談会第Ⅰ部の話題に戻ってきましたね!

> まんべんなく**消費**し、**文化**にお金をかける**金沢人**

本康●金沢は加賀藩のときから城下町で、消費文化でずっと展開してきたまちです。名古屋もよく比較して言われますよね。「どんどん無駄づかいせい」みたいな話ですが、金沢も裏ではけっこう消費文化を奨励しているところがある。どんどん食べましょう、いろいろ買いましょうといった話ですね。

小磯●たとえば「京の着だおれ」とか「食いだおれのまち大阪」というかたちで金沢をたとえると、金沢は食べるほうですか。

本康●わりとバランスよく消費するというところです。いろいろなものにまんべんなくお金かけているかもしれないですね。

小磯●でも、みなさん食器など日々の生活で使うものは、けっこう大事にしているような印象を受けます。

本康●それはあるかもしれないですね。

山田●私は金沢の人には堅実な印象を受けていました。

本康●それほど派手ではないでしょうね。

小磯●でも、どこかおしゃれだと思います。

本康●構造的に言うと、百万石という大きな財力があったけれども、その百万石のほとんどが金沢城下町に富を落とすので、そこに集中している人口に潤沢に配分される。それで都市経済を回していくことで成り立ってきました。その意味では非常に消費を奨励してい

る。あからさまにはしませんが、経済としては結果的にそういう消費の都市になってしまった。

川村●和菓子もあるし、三味線などの習い事も多いですからね。

本康●お茶や謡など、多いですね。

山田●尾張の文化を持ってきているのではないですか。

本康●それもありますし、それからあまり武張ったことはしないということもあります。軍事的に江戸幕府と対抗しない、それが家訓みたいなものですから。ようするに、文化に潤沢にお金を使うような伝統というか、経済構造にはなっていると思います。たとえば踊りの会がきちんと成り立つ、あるいは笛や素囃子[8]が職業として成り立つところは、日本でも東京や京都など数えるほどしかないですね。この45万人の都市規模で遊郭、茶屋街が三つもあって、それぞれに芸者さんがいて、そのスポンサーになっている旦那がいる文化は、やはり珍しいでしょう。消費をするベースがないと、そんな人たちは生きていけないはずですからね。

食から拡がる比較文化学の世界

川村●近年、ミシュランの格付けに北陸エリアのレストランも入るようになりました。ミシュラン以外にも、さまざまな格付けの対象になってきたみたいです。これは北陸の食が、我々の基準ではなく世界基準、グローバル基準によって判断される時代になってきていることを示しています。

小西●最近、興味深いと思っているのは、みんなで外食するとき、インターネットの「食べログ」などのサイトでのレビューをみて、評価が高いかどうかを必ず気にする。外食の機会が減っているのかもしれませんが、どうせ行くなら絶対に失敗したくない気持ちが強くて、いろいろな人からの評価に頼って決める。ミシュランはおそらくそのなかでもっとも権威というか説得力があると思いますが、だれか

---

[8] 能の略式演奏の一つ。その囃子事の部分だけを囃子方だけで演奏することで、謡はいっさい伴わない。

が認めてくれたものに行きたい気持ちが強まっている気がします。
山田●ただ、味というのはかなり個人的なものじゃないですか。だから、そういう評価に頼る文化になってしまっているいまの状態には、たいへん危機感を持ちます。
川村●しかし、それによって、「こんなものがあったのか」という発見ももちろんあるんですよ。我々にとってはあたりまえのものでも、「こんなものが評価されるのか」、「世界の人はこんなものが珍しいのか」という驚きはありますね。
ロバーソン●私がいまおもしろいと思っているのは、現在の金沢の食文化です。来る前に思っていたよりもいろいろな料理が食べられる。パエリアの店もトルコ料理の店もあるし、おいしいメキシコ料理屋もある。金沢に来る前に「お魚がすごくおいしい」とか「米がおいしい」とかいわれたのは、日本食についていわれたんですよ。しかし現在の金沢には、和食だけではなくさまざまな食があります。
小磯●インド料理屋もおいしい店がたくさんあるし、スリランカ料理屋もあるみたいですね。
山田●その意味では金沢のまちは閉じていなくて、外向きですよね。

▶写真8
金沢の街並み
歴史的経緯もあって「消費の都市」となった金沢。とくに商業施設が多い香林坊・片町界隈は北陸最大の繁華街として知られる

いろいろなものが入っている印象があります。

ロバーソン●観光地でもあるからかもしれませんが、英語のメニューを出してくれるところもけっこうあります。近所のラーメン屋さんもパエリアのお店も、「英語のメニューがあるよ」といってくれます。

小磯●まちの特徴を知るうえで、そういう事例を調べてみるのもおもしろいですね。

山田●身近な食べ物や食材について由来を考えたり思いを巡らせることは、自分たちの暮らす地域や社会のありよう、ひいては世界各地の文化を考えることにもつながります。食はまさに比較文化学の入り口としてふさわしいテーマだといえますね。

参考文献

高浜春男（2003）『杜氏　千年の知恵』祥伝社。

金沢の食文化

いくつかの歴史的背景

本康 宏史

1 「もみじこ」の話

　金沢では、タラコのことを「もみじこ」と呼ぶ人が多い。スケトウダラの卵巣を塩漬けにしたもので、程よい辛さが白いご飯に合う。ある料理研究家によれば、石川県ではよくタラを食べるため、「マダラの子(真子)」と「スケトウダラの子」とを区別すべく、後者が子供の手、モミジのような大きさであることからそのように呼んでいるのではないか、とされる。

▲写真1　もみじこ(タラコ)

　確かに、石川県では海産物の加工品がよく知られる。能登の「くちこ」や能美郡美川(現白山市)および金沢の「フグの子糠漬け」など、「珍味」と称すべき伝統食品も少なくない。また、能登の魚醤「いしる」も、北陸に特有の発酵食品として注目されている❶。

　しかし、調べていくと「もみじこ」という呼称は、全国でも金沢を中心とした石川県と北海道の岩内町(岩内郡)周辺でのみ使われていることがわかった。現在でも岩内町ではタラコの高級品を「紅葉子」と呼んでいるようだ。実は、岩内町は、明治36年(1903)に日本で初めてタラの子の塩漬けを作ったタラコ発祥の地❷。地元の海産物商が考案したとのことで、「もみじこ」の名前は北

---

❶ くちこは、ナマコの卵巣で、このこ(海鼠子)ともいう。厳冬の産卵期には口先に肥大した卵巣を持つので、「口子」と呼ばれている。平たく干したものが能登の高級珍味として親しまれている。フグの子糠漬けは、毒素を含むフグの卵巣を、糠漬けにすることで毒素を消失させ、珍味として販売している。この加工法で「食品衛生法」に認可された食品として製造しているのは、全国で石川県の美川、金石、大野地区のみであるという。いしるは、奥能登で作られる魚醤。いしり、よしる、よしりなどの別名がある。しょっつるやいかなご醤油とともに、日本三大魚醤の一つとされる。

❷ 明治36年(1903)、北海道岩内町でスケトウダラ漁が本格化し、タラコの利用も始まったとされる。同年、スケトウダラの延縄漁を増田庄吉が始め、成功したという(今西・中谷 2008)。

海道から石川に伝わったのであろう。

　では、なぜ「もみじこ」という呼称の分布が、北海道岩内郡と北陸金沢なのか。もちろん、近世以来の北前船交易がベースにあるものの、岩内郡といえば、旧加賀藩士族が岩内町に隣接する共和町(岩内郡)で農地開拓を行い、いわゆる「北海道前田村」を営んだ土地である。この開拓事業は、明治維新後、困窮した旧加賀藩士族を支援する授産事業の一環として、旧藩主前田家も多額の資金を提供して推進したものであった。おそらく「もみじこ」ブランドも、こうした金沢との交流を通じて伝わったものと考えられる。ちなみに、今日でも金沢市と岩内町の住民の交流は続いているという。

　このように、石川や金沢の食文化を考える際には、とりわけ近世以降の歴史的な背景に思いを巡らすことが大切であろう。以下、こうした視点から金沢の食文化の諸相を紹介する。

2 「北前船」がもたらした食文化

　江戸時代、日本海を航行する和船には、日本海沿岸諸港から津軽海峡を通り江戸におもむくものと、逆に下関海峡を通って瀬戸内海をぬけ大坂に到着するものとの二系統があった。後者は「西廻り航路」といわれ、一説には、加賀藩が宝永年間(1704〜1711)に三百石積の廻船で米一万石を大坂に廻送したことに始まるという(金沢市大野町史編集委員会 1976; 加藤 2003; 牧野 2005)。このように、米をはじめとして北国からの貨物を運ぶ船の航行が繁くなると、瀬戸内の諸港や大坂あたりでは、「ベサイ」、「ベンザイ」と呼ばれるこれらの北国船を、通称「北前船」と呼ぶようになった。

　こうした「北前船」の存在は、各地の港に残された『客船帳』(船舶記録簿)からもうかがうことができる。例えば、石見国(島根県)浜田港の『諸国御客船帳』には、加賀各村の船名・船頭名が記載されている。ここからは、例えば、金沢近郊の大野村(現在の金沢市大野町)に根布屋、浅黄屋、丸屋、浜坂屋、室地屋、新保屋、川崎屋(川端屋か)などの船主が在住していたことを知ることができる。なかでも、丸屋伝四郎、丸屋伝右衛門、川端屋嘉左衛門らは、大野を代表的する大船主た

▲図1 北海道と北陸とを結びつける北前船の西廻り航路

ちであった。とりわけ丸屋は、嘉永期(1848〜1854)を中心に繁栄し、宮腰(金沢市金石町)の銭屋なきあとの木谷・島崎と並ぶ富商であった❸。これらの船主が所蔵する船は日本海沿岸の諸湊に寄港し、米や材木・大豆・油粕などを積み込んだ。とりわけ、蝦夷地(北海道)の松前や箱館(函館)のカズノコ、昆布、干鮭、魚油などは、北陸にない食材として喜ばれた。金沢でも、庶民の味として「身欠き鰊そば」が名物だが、これも蝦夷地からの移入干物を生かし、北陸に定着した味覚といえよう。ちなみに、水揚げされた鰊は、生の状態では日持ちがしないので、冷蔵技術が発達していない時代、内臓や頭を取り除いて乾燥させるのが一番合理的な保存法だったのである。

　また、大野からは特産物の醤油を積んだ船が沿岸各地に出航した。大野町は、

❸ 銭屋五兵衛(銭五)、木谷藤右衛門、木谷治助、島崎徳兵衛らは、江戸時代後期に海運業で財を成した加賀の豪商。銭屋五兵衛は、宮腰湊を本拠に米の売買を中心に商いを拡げ、最盛期には千石積みの持ち船を20艘以上所有。全国に30余の支店を構え加賀藩の御用商人も務めた。廻船問屋として名を馳せたが、藩の権力抗争に巻き込まれて没落した。木谷藤右衛門は、栗ヶ崎湊を中心に活躍した。銭五も若いころ、木谷家で奉公したといわれる。木谷治助は、木谷藤右衛門の一族。向粟ヶ崎の島崎徳兵衛も廻船業を手広く営んだ。

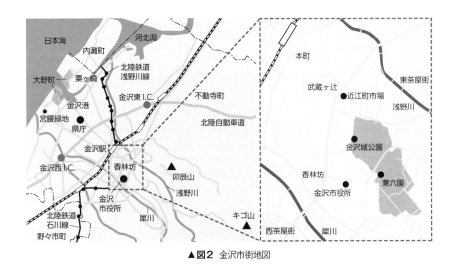

▲図2　金沢市街地図

現在も醤油醸造で知られ、数十の醤油工場や店舗が軒を並べている。老舗醸造元の直江屋の伝承によれば、初代が関西から製法を導入したもので、白山山系からもたらされる恵まれた伏流水と北前船の交流によって運ばれた大量の大豆が、大野の醤油造りに不可欠な条件であったという。

3 料亭文化と武家社会

　一方、金沢は、「百万石の城下町」と形容されるように、近世の城下町を基盤として成立した都市である。その起源は戦国時代の一向一揆以後、本願寺勢力によってつくられた「金沢御坊」の寺内町といわれている。前田利家が金沢城に入城して以来、城下を建設し、17世紀中頃にほぼ体裁が整った。細かい街路網の基本的な形態は、現在でも往時とほとんど変化がない。

　金沢城下の土地利用をみると、一万石以上の家老クラスの大身屋敷が城を中心に配置され、南と北の入口、浅野川・犀川(さいがわ)界隈には寺町・卯辰山(うたつやま)の寺院群が配置されている。屋敷地は、武家地約6割、町地約2割、寺社地など約2割の構成で、武家のゆとりある敷地と町地の密集状況をうかがうことができる。ちなみに、当時の都市規模として金沢は、江戸、大坂、京都の三都に次ぎ、尾

109

◀写真2 「金沢城下図屏風」(石川県立歴史博物館所蔵)に描かれた犀川に臨む寺町台の料理屋の風景。眺めのよい二階座敷では、宴席が開かれている

張名古屋と並ぶ人口、賑わいを誇っていたという。

　こうしたことから、金沢の城下町は「武士が多く、武家文化によって発達した都市」ともいわれている。しかも、「百万石」を誇る前田家の石高は極めて大きく、江戸後期以前は財政にも比較的余裕があり、藩を挙げて消費を奨励した。このことは、金沢の食文化にも大きな影響を与えることになる。例えば、「料亭文化」の発達もそのひとつといえよう。

　こうしたことから城下町の武家では、客人を招き食事を出す規模が大きくなると、自分の屋敷ではなく、宴会用の料理屋で、料理人が食事を提供するようになる。当時の城下絵図などをみても、景勝地、とりわけ見晴らしのいい寺町台の崖上には料亭が建ち並んでいる。一方、参勤交代による江戸詰め生活も、食文化の意識を変えたにちがいない。もともと、開拓地である江戸は、異常に男子人口が多く、職人など賃労働者むけの外食が発達した。寿司、そば、天ぷらが江戸名物とされるのは、そうした事情からである。こうした風習を江戸藩邸詰めの武士たちは「江戸流行り」として地元に伝えた。

　さらに、金沢の伝統文化を代表する茶屋街(遊廓)も江戸時代後期になると整理拡充され、裕福な町人のみならず、武士も(半ば公然に)楽しむ歓楽地として発達する。浅野川・犀川界隈の東西茶屋街をはじめ、城下にはいくつかの茶屋街が容認され、芸を愛でるとともに飲食を楽しむ習慣が料亭発展の基となっ

▶写真3 西茶屋街（金沢市野町2丁目）。江戸時代末に藩から許可を得て、東茶屋街とともに誕生した。現在でも、料亭や芸妓の置屋が立ち並んでおり、独特の景観と雰囲気を味わうことができる

た。もちろん、茶屋に仕出し料理を提供する店舗も成長していく。こうして金沢では、武士や富裕な町人に「外食」の習慣が定着していったのである。

　明治期に入ると、没落して空き家となった武家屋敷を、料理屋の経営者たちは敷地ごと店舗として買い求め、曲水を巡らせた見事な庭と広い座敷を備えるようになる(城下城の用水を庭の曲水として引けるのは、武家屋敷の特権であった)。さらに、明治31年(1898)には北陸線が開通、金沢駅が開設されると市外・県外から多くの人々が金沢を訪れるようになる。

　大正期に入ると、金沢は近代的なモダン都市としても発展するが、太平洋戦争末期に空襲を受けなかったこともあって、伝統的な街並みや文化が比較的豊かに残った。老舗料亭の多くが、戦前戦後を通じてもとの敷地・建物で営業を続けることができたのも、この特殊な事情が背景にある。戦後は高度経済成長とともに「加賀百万石」のイメージを観光の目玉に、いわば「もてなし文化」を代表する場として、金沢の料亭は発展してきたといえよう。

4 「軍都」のおもてなし

　ところで、さきにふれた北陸線開通の明治31年(1898)は、一方で、陸軍第九師団が設置された年でもある。以後、金沢は北陸最大の「軍都」として発展し

▲**写真4** 旧金沢城石川門から出て、石川橋上を行進する兵士〈石川県立歴史博物館所蔵「軍隊関係絵葉書」〉

ていく。橋本哲哉・林宥一の推定によれば、「第九師団の戦闘兵員は、(略)一万人強である。平時にどれほどの兵員が金沢にいたのか確定するのはむずかしいが、師団関係者・家族をふくめておおよそ同数程度ではなかったかと思われる。それでも当時の金沢市の人口の約一割にあたる」とされており(橋本・林1987)、軍隊関係者が一定の人口を占めていた状況が想像できよう。むしろ、師団の編成＝定員は、各師団に一律であることから、人口が大都市に比べて少ない地方都市では、より軍隊が駐留する影響を強く受けたものと思われる(例えば、弘前、豊橋、久留米など)。

ところで、「軍隊は最大の消費人口」といわれている。軍隊の「消費」といえば遊廓・料亭との関係は切っても切れない(もちろん、娼妓需要も含む)。「尾張町から橋場町あたりにかけては、軍が界隈の"お得意さん"にもなり、繁栄の原動力の一を担っていた」という(小林・長谷川・本康 1990)。例えば、師団司令部に近い橋場に立地する老舗の料亭「金城楼」の場合、玄関先には師団長以下将校の外套掛け、床の間には軍刀掛けが備えられていたという。頻繁に軍関係者の利用を得た証ともいえよう。ことに大正13年(1924)の陸軍特別大演習の際には、乙軍の司令部がこの料亭内に置かれるという「栄誉」まで担った。その後も太平洋戦争の勃発までは、出征・凱旋の宴席をはじめ、軍人客がかなりあった

という。

　同じような事例は、浅野川河畔の料亭「新並木」にも残されている。同亭の創業者は、もともと近郊河北郡の農家から金沢に出て露店の八百屋を営んだ人物である。幸いにも軍隊の御用をつとめるなかで経営規模を拡大。日露戦争後の好景気にのって店を構え、料亭を開業するに至ったという。この店もやはり軍隊の宴席を中心に経営を軌道に乗せたのであった。戦前期における飲食店顧客の重要な部分を軍隊上層部が占めていたことは、多くの関係者が口をそろえるところである。

5　年中行事としての食文化──風土と歴史

　風土は、主に地形と気候、これに規定された植生などから構成される。金沢の地形は、しばしば指摘されるように、山あり谷あり、さらには海に近く、多彩な起伏に富む。一方、日本海に面した北陸特有の気候は、湿潤な風土を生んだ。とりわけ、冬期の悪天候や降雪は、この地の季節の輪郭を際立たせ、逆に四季の彩りをもたらす。この気候が、春夏秋冬を通じて豊かな植生を育んできたことはいうまでもない。こうした風土と旧城下町の都市文化を背景に、金沢には豊かな食文化が生まれたのである。

　最後に、筆者が翻刻した史料から、風土と歴史に根付く金沢の食文化の具体例を、「年間行事」とともに垣間見ておこう。以下に紹介する回想録「過去ノ郷里ヲ追想シテ」は、明治期金沢の庶民の生活を記録したものである。これを書いたのは、明治14年(1881)、金沢区長土塀に生まれた吉田源太郎という人物(市制施行は明治22年から)。大正4年(1915)に「故郷を離れ」てから、17年間、植民地朝鮮にある京城市清涼里の林業試験場に勤務し、異国の地で、明治20年〜40年前後の金沢の思い出を記述したものである。当時の金沢の街並み、人物、暮らしが、実に詳細に記述された貴重な記録といえよう[4]。

---

[4] 金沢市御園直太郎氏所蔵。謄写版印刷。麻紐で四穴袋綴じ。26.8cm×19.8cm。四〇丁。表紙・裏表紙は別紙で表題を墨書。巻末に墨書で「呈 御園慎太郎」とある。翻刻にあたり御園氏のご承諾、ならびにご教示をえた。深く感謝したい。

まず、元旦の記述から当時の金沢の正月の風景がうかがえる。明けて15日の朝には、「小豆粥」を食べ、残りを庭の果樹に掛ける習慣もあったらしい。

　　元日ノ朝ニ家族一同ガ揃フテ屠蘇ヲ祝ヒ、次デ雑煮ヲ祝フノデ、雑煮ノ仕方ガ其家々デ多少造リ方ガ異ナッタラシイ、私ノ家デハ味噌汁デ餅ヲ煮テ、夫レニ前年ノ至冬〔ママ〕ニ採取シタ蕗ノ茎ト花鰹ト結ビ昆布等ヲ振リ掛ケタモノデ、頭付ハ鮒ノ煮付、夫レカラ煮物ハ大根、人参、牛蒡、焼豆府〔ママ〕、蒟蒻等ノ野菜物、外ニ棒鱈、数ノ子、煮豆、香物グライデ、膳ニハ各々頭付鰯ト桂木箸ガ正月十五日間ハ飾ラレテアッタ、子供等ノ菓子ニ蓬莱饅頭ト福梅ハ覚エテヲル

　　一月ノ末頃ニハ寒ノ餅ト云フテ、寒明キ近ニ各家庭デハ餅ヲ搗キ（カキモチ）ト云フテ薄ク切テ室内ニ吊シ、乾燥セシメテ干餅ヲ作リ、年中オハツ時位ニ焼イテ喰ベタモノデアル

　かき餅は、「寒ノ餅」、「搗キ餅」、「干餅」の意味を重ねた名前であったことがわかる。ところで、旧暦が生活習慣に根付いていた社会では、いくつかの季節の区切りがあった。折々の節目や門出を大切にするまざまな風習がみえる。

　　年越日ハ大晦日、六日、十四日ト節分トデ、門燈シトテ各室毎ニ神燈ヲ明シ、勝手デハ豆穀ヲ炊イテ茶釜ヲ鳴ラシタモノデ、神ハ大福餅、才福茶等ヲ喰ベテ遊ンダモノデアル、二月十五日ニハ釈尊ノ涅槃日ニテ寺院デハ五色ノ餅ヲ撒キ、拾ヒニ行ッタ事モアル

　2月中頃は、まだ北陸のどんよりとした空が続く頃である。しかし、海の幸が豊富な季節でもある。また、いよいよ春が近づくと、雪の下から掘り出す芥子菜やふきなど菜の漬物の味が思い出されるという。

　　晴天ガニ、三日モ続クト、金石カラ根布附近ノ漁村ガ賑ヒ、大漁ノ日ナド近江町ニ行クト道端ニ漁村ノ魚売リガ居並ビ、三十年頃ハ甘鰕〔ママ〕十匹デ

一銭五、六リ（厘）、蟹ガ（ツワイ）七、八銭、（コーバチ）一匹七、ハリデ買ッテ居ッタ事ガアル

　4月の初め、当時の金沢では旧暦で「雛祭り」が祝われた。春の食材もにぎやかになる。

　　◇(菱)形ノ餅ヲ黄ナ粉ヲツケテ喰ベル、蜆貝売リノ女ノ声モ聞カレル、山椒ガ新芽ヲ萌ザスト、刺網鰯売リノ威勢ノ好イ呼声モ聞カレル

　5月になると、庭や畠には樹木の若葉が茂って、山から戻るわらび狩りの姿も見られるが、筍が市場に現れ特に別所村の赤土尾附近の筍の味は美味であったという。現在も筍は別所の名物である。6月初めの節句、つまり、(旧暦の)端午の節句には、鯉幟りが風に吹かれ、笹に包んだ餅が食べられる。「菖蒲に餅草(ヨモギ)」は、全国的な食文化といえよう。この頃になると水も温み、犀川に此頃鮎釣りに行くと「水鮎」がよく釣れた。鯖売りの声が聞かれる頃には、「市場で兎が売れた」という。当時は、兎も食材として普通に売買されていたことがわかる。ちなみに、石川県の白山麓では、「シブタ」(輪投げのような藁の狩猟具)を使ったウサギ狩りも戦後まで残っていた。

　7月の初めになると、果樹が実る。金沢の城下町では、武家の屋敷庭でも実のなる(果実が食べられる)樹木を植えることが奨励されたが、近郊農村を含め多くの果樹が植えられていたのであろう。

　　李ヤ梅ヤ杏ガ熟シ、梅雨ノ空ニ濡鼠トナッテ採取シタ事モアル、西北ノ空ガ悪ク天候ガ変ッテ暴風トナリ、菓〔ママ〕実ハ樹ノ上ニ無クナリ悲観シタ事モアル

　なお、7月1日は、「氷室」(ヒムロ)の日で、今日の金沢でも「氷室万頭(饅頭)」を食べる風習が残っている。原本では、女児の喜ぶ飯事遊びにも、この日は麦饅頭が与えられたと記されている。

金沢では新盆の習慣が一般的で、7月13日からお盆となる。初夏の風物詩として「土用の鰻」はよく知られるが、素麺や藤豆餅を土用に食べる風習もあった。ちなみに、素麺は能登輪島の特産物で、三代広重の「大日本物産図絵」にも、「加賀の菅笠」、「白山の熊胆（くまのい）」と並んで選ばれている。

　　　七月十三日カラ盆デ、地下ニ永眠セラルヽ祖先ノ霊ヲ悼慰スル為、墓地
　　　ノ廻リガ賑イ（キリコ）❺ヲ燈シ坊サン達ガ忙シイ、素麺ヲ喰ベル事ハ昔カ
　　　ラノ定マリラシイ、土用ニ入ル頃ハ酷暑ノ天候ガツヾク、丑ノ日ニ鰻ノ繁
　　　昌スル事ハ変リハナイ、藤豆ノツイタ餅モ土用ノ間ニ喰ベラレル

　8月に入ると、吉田一家も毎年9日には「観音サンノ四万六千日」に詣でている。附近では「蜀黍」を焼く香が鼻に届いた。縁日の帰りに買って帰るのが習慣であった。「観音サンノ四万六千日」とは、卯辰山麓の観音院の祭日のことである。今も夏の盛りになると、街のあちこちで、「四万六千日」と墨書した張り紙がみられる。加賀藩前田家の祈祷所でもあった観音院では、「四万六千日」の縁日に玉蜀黍（トウモロコシ）が売られ、これを軒先に吊し、家内安全・無病息災を祈願する風習が旧金沢城下に残されている（ちなみに、この日に参拝すると、1日で「四万六千日」分の御利益を得ることができる）。

　　　秋ノ七草ノ開ク頃ハ柘榴ガ熟シテ割レテクル、粟崎附近ノ川沼ニ鮒ヤ鯰
　　　ヲ釣リニ出掛ケル人モ多イガ、山ニハ茸狩リニ朝ノ二時頃カラ大キイ籠ヲ
　　　荷フテ数人連レテ出掛ケタ事モアル

　秋には秋の風習がある。金沢ではキノコのことを「コケ」と呼び、キノコ狩りのことを「コケ採り」という。仲秋の名月、「旧ノ八月十五夜ノ晩ハ、夾豆ヲ出イテ（ママ）喰ベル事ハ昔モ今モ変リハナイ」。
　さて、11月3日は当時の「天長節」。明治天皇誕生日の祝いで市内が賑わうが、11月も中頃になると、霰まじりの天候が続く。

---

❺92ページ座談会の注2）を参照。

家ノ廻リハ冬ノ用意デ忙シクナル、南天ハ赤白ノ実ガ重リヲニ〔ママ〕乗〔ママ〕
　〔垂〕レ下ル、軒場ノ葉蘭ヤ万年青ハ茂ッテ、軒場ノ破レヲ隠シテクレル、各
　家庭デハ漬物時季トテ主婦ガ忙シイ、酒屋ノ水汲ミ男ガ数人並ビ、桶ヲ荷
　ヒ勢ヒ好ク運ブノモ此頃カト思フ

　12月に入ると、炬燵の中で「西條柿の熟し」を食べたことも忘れられない。8日は「針線保〔ママ〕」で、小豆の小餅を食べて供養する。「針線保」は針歳暮のこと。婦女子は午後の裁縫を休み針箱を整理して、団子の小豆汁を作って供えた。仕立屋・畳屋なども仕事を休み酒宴を張った。この日は天気が悪いので針歳暮荒れといわれ、針千本(魚虎)を入口に吊るす家もあった。「冬至ノ日ハ小豆ノ粥ヲ喰ベルガ、南瓜ヲ喰ベル理由ハ知ラヌ」というが、風習自体は今日も変わりない。こうして、12月の末に至る。

　　便所ノ大掃除迄シテクレタモノデアル、年暮ガ迫リ忙シクナルト、金石
　　方面カラ来ル昆布売リノ声ガ聞カレル、頂キ女ノ鯏売リノ声モスル、町ノ
　　中ハ売物デ繁シクナルト、歳末ノ送品ガ行ッタリ戻ッタリ忙シイ

　昆布も鯏も金石、大野、粟ヶ崎(内灘)方面の日本海沿岸や河北潟の主な海産物である。「頂キ女」とは、頭上に籠を乗せて野菜や魚介類を金沢市内に売り歩きにかよっていた女性たちのことで、内灘方面の名物であった。そしてまた、新しい年を迎える準備が始まる。

　　室内ハ大掃除デ跡ガ正月ノ飾リヤラ、勝手場ハ正月ノ料理デ忙シイ、餅
　　搗キノ音ニハ子供時代ハ特ニ嬉シク感ジガ起キタ〔ママ〕、ゝ隣ニ餅搗クキネ
　　ノ音一ツ、喰イタヤホケヤ／＼ナド語リ遊ビ戯レタ時代ガ懐シイ、正月飾リ
　　ノメ縄ヤ門松モ出来上ガッタ、歳末ノ日ハ集金人ガ財布ヲサゲテ忙シク廻
　　リ歩イタ、歳末ノ晩ニハ蕎麦ヲ喰ベルガ、茶釜ヲ鳴ラシ茶ノ中ニ山椒ノ実
　　ヲ入レテ呑ンダモノデ、早ク寝ルト白髪ガ生エルト云ヒ

このように、食文化の検証・分析には、歴史学と民俗学の成果を生かすことが有効であろう。そのためには、歴史的な背景に思いを巡らすこと、さらに、民俗的な視点で人々の生活を具体的に学ぶ必要がある。そうした意味で、ここに紹介した回顧録は、「年中行事」が金沢の庶民の豊かな食文化を伝える母体であったことを、具体的な記述からうかがえる恰好の史料といえよう。

参考文献

池田公一編著（2012）『石川県　謎解き散歩』東京：新人物往来社（新人物往来社文庫）。
今西一・中谷三男（2008）『明太子開発史――そのルーツを探る』東京：成山堂書店。
今村充夫・本康宏史監修・石川県美業生活衛生同業組合［編］（2001）『石川の婚礼・祝い事――美容師の知恵袋』金沢：能登印刷出版部。
加藤貞仁（2003）『海の総合商社 北前船』秋田：無明舎出版。
金沢市大野町史編集委員会（1976）『金沢市大野町史』金沢：大野町史編集委員会。
小林忠雄・長谷川高徳・本康宏史編著（1990）『浅野川年代記――川のひびきを聞きながら』金沢：十月社。
陶智子（2002）『加賀百万石の味文化』東京：集英社（集英社新書）。
田中喜男（1983）『城下町金沢――封建制下の都市計画と町人社会』〔改訂版〕東京：弘詢社。
―――（1988）『金沢町人の世界――金沢パフォーマンスの原像』東京：国書刊行会。
橋本哲哉・林宥一（1987）『石川県の百年』東京：山川出版社。
牧野隆信（2005）『北前船の研究』東京：法政大学出版局。
本康宏史（2001）「金沢港の歴史」『金沢港開港30周年記念誌』金沢：金沢港振興協会、pp.38-45。
―――（2002）「茶屋町と観光文化――イメージでたどる金沢の『遊廓』」井口貢［編］『観光文化の振興と地域社会』京都：ミネルヴァ書房（7章）、pp.91-108。
―――（2014）「『軍都』金沢と遊廓社会」佐賀朝・吉田伸之［編］『シリーズ遊廓社会2　近世から近代へ』東京：吉川弘文館、pp.155-177。
―――（2010）「過去ノ郷里ヲ追想シテ」（五）『石川県立歴史博物館紀要』22号、pp.151-165。

初期インド仏教における食事と菜食主義

アヒム・バイヤー

1 はじめに

　仏教文化について考えることは、丘の上で草の表面の露玉を眺める行為にたとえると、わかりやすいかもしれない。日の出時に一方から頂上に着いた放浪者は、露玉を通して放たれる美しい赤い光を見るかもしれない。他方からやってきた者は黄色い光を見るし、他の者は青い光を見るかもしれない。彼らはみな同じ露玉を見ているのだが、その色の見え方はすべて正しい。日の出時の露玉のように、仏教文化は多くの魅力的な面を備えている。

　仏教は約2,500年前に北インドにその源を発した。歴史が巡るなかで、現在のタジキスタン、モンゴル、日本、ジャワ、スリランカに及ぶ地域に広がっていった。今日「アジア」や「東洋」として理解されている地域は、大雑把には、古代史の一時期において仏教が花開いた地域であるとさえ言うことができる。この小論において仏教の全貌を見るのは不可能である。仏教を学ぶにはそれぞれ個別の視座を選ばなくてはならない。ここでは仏教の文化のなかでも、食文化を中心にとりあげる。

　仏教の食文化を紹介するにあたり、ブッダその人の伝記から始めるのが望ましいように思える。ブッダはどのように生き、何を食べ、日常の食生活について信者には何を教えていたのだろうか。とはいえ、ブッダその人について語りたくても、彼が生きた同時代にその人生について書かれた書物がないことは認めざるを得ない。書き留められるようになったのはブッダの死後数世紀経ってから、おそらく紀元前200年から100年の間であり、書き留められるようになっても、棕櫚の葉に書かれた手書きの原稿は高温多湿のインドの気候のもとで急速に劣化してしまった。同様に、ブッダの時代の木の家や藁の小屋は跡形もなく消えてしまった。

　北インドの気候条件が初期仏教に関する知識の源泉を破壊した一方で、仏教が中央アジアに到達した西暦紀元ごろより前の数世紀に同じ気候条件が仏教の食文化を形成したことは、確信を持って言うことができる。原稿や建物が高温多湿のインドで劣化し、同様に蓄えられた食物もすぐにシロアリやバクテリアの餌になってしまった。

2 ブッダの伝説

　ブッダの人生について残されている伝説によれば、ブッダは紀元前5世紀に生きていた❶。彼の人生についての記述は数世紀後に著されたので、実際に起こった出来事と後から付け加えられた出来事とを区別することは、ほとんど不可能である。それにもかかわらず、私たちが確信を持って言えることは、ブッダの伝説は初期の仏教徒社会の理想のあらましを教えてくれるということだ。換言すれば、ブッダの人生の出来事が実際にそのとおりに起こったかどうかは別として、その物語は現在まで僧や尼僧の理想の活動の一例としての役目を果たしてきたのである。ブッダは仏道に入ろうと志すすべての人間にとって模範となってきたのであり、食事が中心的な役割を果たすエピソードは、現在まで仏教の食文化の土台を形作ってきたのだ。以下では、まず物語の概要を紹介してから、重要な側面について議論していこう。

ブッダの誕生と宮廷生活の享楽

　伝説によれば、ブッダは北インドのシャーキャ(釈迦)王国で、王子(王位継承者)として生まれ、「シッダールタ(悉達多)」の名前を与えられた❷。ブッダの父は、地元の多くの神官(カースト制度でブラーフマナに属する)に、皇太子が将来どうなるかの予言を求めた。お告げは途方もないものだった。すなわち、「この新生児は、数万人の戦士からなる軍隊をもって広大な地域を支配する強大な国王になる才能を持っている」。そのような王は古代インドでは「チャクラヴァルティン」と呼ばれた❸。父はこの予言を大いに喜んだが、息子の将来は完全に定まったものではなかった。というのも、ブラーフマナ神官によれば第二の予言があり、それは「息子は王権を放棄してさまよう修行者になり、最終的に聖人になる才能がある」というものだった。聖人として世界の究極の真理を感得し、その道程で他人を導いていくという❹。言い換えれば、巨大な軍隊で他国を征

❶ Harvey 2013, p. 14, Schmidt-Glintzer 2014, p. 22.
❷ Harvey 2013, p. 14参照。
❸ チャクラヴァルティン(cakravartin, 転輪聖王)に関してはHarvey 2013, p.16参照。
❹ Harvey 2013, p. 16参照。

服する代わりに、この偉大な宗教指導者はその英知で全世界を征服するとのことだった。

　ブッダの父は、王子がシャーキャ⁽釈迦⁾族の王朝を継続する代わりに世捨て人になるという予言に震え上がった。そこで、息子を宮廷生活の快適さと富に耽溺させることに決めた。幼い皇太子は、現生の生活の価値に疑問を抱かないように、その不快な側面を見せられずに育てられた。シッダールタの生後一週で母親は産褥で亡くなったが、王女の妹である王の第二の妻がブッダの継母となり、ブッダは享楽と贅沢に囲まれて育つこととなった❺。当然のことながら宮廷の台所は王国の最上の食事を提供したと考えてよい。

出家と極端な断食

　ブッダは16歳で従妹と結婚し29歳で一男を得た❻。息子が生まれた後❼、ブッダはお忍びで宮廷の外に出かけ、じかに普通の人びとの暮らしを見た。ブッダは老人、病人、死体を見て、もっとも富と権力を持った者でもそのような苦しみは避けられないことを理解した。そのあと放浪するカリスマ的な修行者を見て、ブッダは出家者の道をたどることを決めた。ブッダは家族を置いて人目を忍んで王国を去り、王子の衣装を古着に替えた。その時代の多くの者がしたようにブッダは独身の修行者として森の中に住み、世界の苦しみの根元を探求することとした❽。

　シッダールタはさまざまな宗教指導者を訪ね、いろいろな種類の瞑想法や苦行法を実践した。一群の苦行者とともに森の中に住み、毎日豆のスープを数滴しか摂取せず、しまいには骸骨のようになり、あまりに弱ったためほとんど動くことができないようになった❾。

---

❺ Harvey 2013, p. 17.
❻ Harvey 2013, p. 17.
❼ 上座部仏教で伝えられるNidānakathāでは、息子が生まれたすぐ後という記述があり、説一切有部では生まれる前と伝えられる。
❽ Harvey 2013, p. 18参照。
❾ Harvey 2013, p. 19.

食を乞い中道を確立する

しかし、そんな生活では真実には近づけないことをブッダは悟った。不摂生、とりわけ食事を摂らないことは体力をなくし理解力も働かなくなるだけだった。そこでブッダは仲間の規則を破ることとし、近くのスジャーターと呼ばれる牛飼い女が施す一椀の乳粥をいただくこととした⑩。

ブッダが体力回復のために乳粥の椀の施しを受けることを決めたこの瞬間が「中道」の始まりと言ってもよい。ここで「中」は、一方では宮廷生活の官能の悦楽、とりわけ食事と、他方では極端な苦行生活の断食との中

▲写真1 タイの大理石寺院(Wat Benchamabophit)にある釈迦苦行像

間を示している。乳粥の椀は、上品で豪勢な皇太子の食事と苦行者の数滴の豆スープとの中間を象徴している。仏教徒は仏教の教えを「中道」と呼びならわしてきたので、これは仏教が誕生した伝説的な瞬間であると言うことができる。多くの在家仏教徒、とりわけ上座部仏教の信奉者にとっては、施しを求める僧侶のお椀に食べ物を施すことは、仏教誕生以来、日々の宗教的生活の基本的な一部となっている⑪。スジャーターは狭い意味では「仏教徒」ではなかったが、敬虔な施主の象徴となっている。

悟りの達成

新たに力を得たシッダールタは清澄な心で瞑想し、人生の避けられない苦しみの元やその克服の仕方を理解した。悟りを得て、それ以降「ブッダ(仏陀)」

---

⑩ 詳しくは、Buswell and Lopez 2013, s.v. Sujātā 参照。
⑪ 乳粥の椀が中道と仏教徒に対する在家信徒の継続的な支援を象徴しているにもかかわらず、ブッダに関する文献がそれに言及もせず重要視もしていないのは驚くべきことである。たとえば、Harvey 2013, p. 20, Oldenberg 1882, p. 107, Silk 2003, p. 867参照。

の称号で知られるようになる。興味深いことに、この時点でブッダは「苦」を、生・老・病・死の四つの不可避な苦しみと要約していた。これは少々驚くべきことである。というのも、宮廷からのお忍びの旅路でブッダが見たのは三種類の苦しみ、すなわち、老齢、病気、死だけだったからである。ブッダは息子の誕生後すぐに出家しており、当時ブッダが見たり聞いたりした苦しみは、なにかブッダを落ち着かない気分にさせたのかもしれない。おそらくこの結果、ブッダによる宮廷の外の世界への探索の旅が始まったのである。この物語が実際の出来事を反映していることは、上記のエピソードが示しているかもしれない[12]。子どもの誕生には、のちに述べるように核心的な意味があるので、この点は特別考慮するに値する。

　それでは、苦しみを克服する鍵はなんだったのだろうか。それは「渇き」(サンスクリット語でtṛṣṇā)の克服、すなわち、この世の官能の悦楽や継続的な所有への執着を克服することである。このtṛṣṇāという言葉は英語ではしばしば「desire(欲望)」と訳される。玄奘やそのほかの翻訳者は「愛」を中国語の訳語として使っている[13]。「渇き(tṛṣṇā)」はたしかに切望や欲望の隠喩を意味するが、文字通りの意味では「渇き」を意味し、語源的には英語の「thirst」に関連している[14]。実際の渇きは、たしかに北インドの高温の平原ではしばしば重大な問題にはなるが、隠喩的に言えば、渇きの克服とは、仏教徒の食物に対する態度の綱領となるものである。つまり、食べ物は欲望や執着のない状態で、ほどほどに満ち足りていただくべきものである。

悟りの後の断食期間？

　ブッダの物語の異本では、お椀に盛られた乳粥を食べた後ブッダは7週間瞑想にふけり続け、その期間再び食べ物を口にしなかったとされる[15]。ブッダ伝説のこの部分は、発見したばかりの「中道」の考え方とあまり相容れない。

---

[12] Silk 2003, pp. 867–872も参照。

[13] チベット語ではtṛṣṇāは文字通り sred pa ("渇き") と訳されてある。Yokoyama and Hirosawa 1996, s.v. 愛を参照。

[14] Mayrhofer 1992, s.v. tṛṣṇā, Soukhanov, ed. 1992, s.v. ters- 参照。

[15] Oldenberg 1882, p.114の詳細な議論を参照。

おそらく、後世の著者はブッダの優位性を強調したくて、ブッダがより長期間の断食を実際に耐え忍び、厳格な苦行者よりも顕著に優れていると示したかったのだろう。それに関する真実がどうであれ、実際のところ、アジア全体に広く流布しているブッダに関するさまざまな伝承はしばしば断食を含む厳しい苦行訓練に耐えたとしており、中道の基本的な教義とは相容れがたい[16]。

賞賛すべき仏僧としての生活、食を乞うこと

　悟りを開いた後、ブッダは午前中に食べ物を集めるために托鉢の椀(サンスクリット語でpātra、漢字では鉢多羅)を携帯したと伝えられる[17]。瞑想の場を離れた後、ブッダはまず、真剣に断食に取り組んでいるかつての仲間の修行者に会いに行き、彼らに「中道」を教えた。彼らはブッダの信奉者となり、こうして僧侶集団(サンスクリット語ではsaṃgha、漢字では僧伽)が形成された[18]。ブッダの伝記の至るところで、ブッダの食事習慣は数世紀の間、仏教徒の僧や尼僧の規則になったものとして伝えられている[19]。午前中にブッダは仮の休息場所から起き出して托鉢の椀を持ち、食べ物を乞うために近所の町や村を訪れた。普通の乞食のように通りに沿って静かに歩き、お椀に施された食べ物はなんでも静かにいただいていた。

　ブッダは托鉢の椀に十分な食べ物を集めた後、その日に寝泊まりすることになった場所、つまり通常は町の外にある休憩所に戻る。午後は食事が許されないので、そこで正午前に弟子とともに食べる[20]。ときどきはブッダとその弟子は在家の信奉者の家で、いつも決まった托鉢の椀を用いて食べることもあった[21]。

　食べ物の量については、すでに説明したように「中道」に則り、生きて健康であるために十分であるもの以上のものを食べないように[22]、ブッダは信奉

---

[16] たとえば、Harvey 2013, pp. 309–310参照。
[17] Oldenberg 1882, p. 125.
[18] Oldenberg 1882, pp. 125–129.
[19] Wijayaratna 1990, pp. 58–59参照。
[20] Wijayaratna 1990, p. 68参照。
[21] Wijayaratna 1990, pp. 61–65も参照。
[22] Wijayaratna 1990, p. 73参照。

◀写真2 托鉢僧の椀に食べ物を入れるラオスの在家仏教徒。タイやラオスにおいては現代でも托鉢僧への施しは功徳とされ、善行を積むため熱心に托鉢に応える仏教徒は数多くいる

者に忠告した。質に関して、僧と尼僧は日々の施しの内容がなんであれ自らの好みを明かすべきではないと忠告を受けていた。

在家の施主にとっては、僧や尼僧への布施は功徳とみなされる。布施の因果応報は、その生涯や転生後や来世において在家の信奉者に幸福や福徳をもたらすとされる。したがって、在家の信奉者の布施は、提供者が富んでいようが貧しかろうが、食べ物がおいしかろうが腐っていようが、受け取るのが僧や尼僧の義務であった[23]。つまり、肉食が当たり前の地域で食を乞う場合に僧が肉を受け取ることも起こり得た。厳密な菜食主義という仏教の宗派はかなり遅れて4世紀ごろに発生してきたのであり、これについては後で詳述する。

ブッダの最後の食事と入滅

伝説に説かれるブッダはこうして、路上にいるときであれ在家仏教徒の家に招待されたときであれ、托鉢の椀に盛られた食べ物はなんでも受け入れた。ほとんど50年をこのように暮らした後、80歳になって鍛冶屋の家に招かれた

[23] Wijayaratna 1990, pp. 60, 69参照。

ときだった。この鍛冶屋はインド社会でも下位のカーストに属する人物で、その社会ではおそらく食べ物の純度にそれほどこだわることはない。ブッダと弟子の僧はパーリ語でsūkara-maddavaという料理の施しを受けたが、これがなんだったのか、仏教の伝承のなかでは今日に至るまで異説がある[24]。

このsūkara-maddavaという言葉は二つの部分から成り立っており、sūkaraは「豚」を、maddavaは「柔らかい」を意味する。ブッダの伝説が中国語に訳されたとき、この言葉は「栴檀キノコ」（栴檀樹耳）[25]、木の上で生長する一種のキノコと訳された。したがって、これは元のパーリ語の正確な訳語ではなかっただろう。以下で議論するように東アジアの学僧はたいてい菜食主義に忠実であった。したがって、ブッダの最後の食べ物が肉を含んでいたことは、おそらく受け入れがたかった。

その一方で、パーリ語を用いた仏教徒の伝承は、南インド、スリランカ、タイでテーラワーダの名のもとに引き継がれた。托鉢の椀に置かれたものは肉でもなんでも受け入れるというもともとのルールに、彼らは現在に至るまで従っている。テーラワーダの学僧は、sūkara-maddavaは実際に豚肉を含む食事だったと強く主張しているが、実際にそれがなんだったかはいまだに不明である。筆者は、部分的に腐るほど「熟成」した豚だったのではないかと考えている。とはいえこの推測は仮定の域を出ず、仏教学の世界で共通して受け入れられているわけではない。

伝説によれば、ブッダとその弟子がその食事を与えられたとき、ブッダは一人でそれを食べて残りは埋めるよう求めた。まもなくブッダは病気にかかった。ブッダは鍛冶屋に伝令を送り、鍛冶屋はなんら悪いことをしたわけではないと断言した。ブッダの言うには、鍛冶屋はこの食事を施してくれたことで非常に立派な行為を成し遂げたとのことである[26]。これは、①この食事が危険をもたらす可能性があるとブッダは知っていたこと、②ブッダ自身の人生がどのみちそろそろ終わりを迎えると彼が知っていたこと、③信奉者た

---

[24] ブッダの最後の食事については Buswell and Lopez 2013, s.v. Cunda, and s.v. Mahāparinibbānasuttanta 参照。

[25] Buswell and Lopez 2013, s.v. sūkaramaddava 参照。

[26] Buswell and Lopez 2013, s.v. sūkaramaddava

ちから施された物はなんでもいただき、その背後に善意を見るようにブッダが信奉者たちに気付かせたかったことを意味している。おそらく細菌性赤痢かアメーバ赤痢だろうが、食中毒の症状を示した後、ブッダは信奉者に最後の指示を出してから死んだ。

3 ブッダの時代の農業、食事、乞食

　上記の伝説は、初期の仏教文化と、食事に対する一般的な態度について重要な手がかりを与えてくれる。ではここで、簡潔に伝説の先を見据えて、紀元前5世紀とそれ以降数世紀の農業と栄養状態の基本的事実について考察してみよう。

　ブッダのような哲学者や聖人は、食糧やその他の資源が潤沢に利用できる社会でないと出現しないものである。ブッダの時代のずっと以前から、つまり紀元前1万2,000年ごろからユーフラテス川やチグリス川やナイル川のまわりの肥沃な地域で始まった農業は、その後もずっと発展してきた。続く数千年間は人口が定常的に増加し文化も発展しつつ、ペルシア帝国アケメネス朝(紀元前およそ550年から330年まで)のような巨大な帝国の興隆を見た。同じように、インダス川やガンジス川のまわりの北インドでは、さまざまな王国が農業や畜産を発展させ、ブッダの時代には、数千の兵士からなる軍隊、さまざまな種類の乞食、宗教的な世捨て人も含めて、増加を続ける人口の栄養を満たせる程度にまでなっていた。

仏僧の称号、比丘

　もともと僧侶集団の構成員は自らの身分を名乗るための特定のことばを使っていた。私たちは、ブッダや初期の僧や尼僧が北インドのどの方言を話していたか正確には知らない。それでも、彼らが用いた単語は疑いなくサンスクリット語の「*bhikṣu*(漢字では、比丘)」と密接に関連している。語源学的には*bhikṣu*はサンスクリット語の動詞「*bhikṣ*(乞う)」に由来するし、その動詞は「食べる」についての一般的な動詞*bhakṣ*と密接に関係している。これらの動詞は

いずれも*bhaj*「共有する」や「分け合う」㉗に由来しており、したがって*bhikṣu*は主に食べ物について乞食と「分かち合いたいと望む者」㉘として理解することができる。こうして、日々の托鉢は僧や尼僧の毎日のルーチンワークの一部でしかなかったが、食べ物を乞う彼らの行為が人前でもっともありふれて見られるためこの称号が選ばれたのだった。余剰な食料が十分でない時代は「施しが困難」(サンスクリット語で*durbhikṣa*)な状態であると記述され、その言葉はのちに在家仏教徒によっても「飢饉」を意味するものとして使われるようになった㉙。

戦争と平和の時代の軍隊と僧

　上述したように、紀元前5世紀と4世紀の僧侶集団について確かなことを語るのは困難である。僧侶集団について、および仏教の価値をアショーカ王(紀元前およそ268年から232年の治世)が高めたことについて私たちに教えてくれるのは、アショーカ王の統治時代の石碑のみである㉚。アショーカはほぼ全インド亜大陸を支配下に置いて統一したことで知られている。アショーカは文字の彫られた石柱をインド中に立て、そこには自身の帝国の範囲を記し、仏教の教義に従った法規を宣言した㉛。のちのインドの伝承では、アショーカはチャクラヴァルティン王として記憶され㉜、現代のインド共和国では、アショーカのいくつかの石柱で発見された獅子柱頭を、インド亜大陸の初統一を記念するために国章として使用している㉝。

　当然のことながら、支配権を拡張するためアショーカは地域内外の王国と大掛かりな戦火を交えなければならなかった。アショーカの軍隊の正確な規

㉗ Mayrhofer 1992, s.v. bhaj 参照。
㉘ Mayrhofer 1992, s.v. bhikṣ 参照。
㉙ Xuanzang(玄奘)はサンスクリット語durbhikṣ.āを中国語に翻訳するためにさまざまな訳語を用いている。すなわち飢倹、飢饉、饑饉、饉饉、倹災、および窮倹(Yokoyama and Hirosawa 1996のそれぞれの項目を参照)。
㉚ Buswell and Lopez 2013, s.v. Aśoka参照。Harvey 2013, p.100も参照。
㉛ Hirakawa 1990, pp.95-97参照。Harvey 2013, pp.100-101も参照。
㉜ Strong 1983, p.53参照。
㉝ Hirakawa 1990, p.97.

模はわからないが、絶頂期にはその軍隊の兵士の数は10万人を超えていたと仮定してもおそらく間違いではない❸。全インドを征服した後には、アショーカはそれ以上の軍事行動を控えた。また侵略を防ぐために境界での常備軍は維持した❸が、軍隊の戦力は大幅に削減され、かつての敵の軍隊も解散したことは間違いない。これまで軍隊のために使われた食糧や資源は他の用途のために使われるようになり、一般人の農民はもはや軍隊による略奪に食糧の生産を妨げられることもなくなった。

食糧、出産、ジェンダー――ブッダの母親の死の再考

平和の時代にあって、農業と畜産による食糧生産の条件がもっとも望ましい状況でも、資源には当然限界があった。たとえば、1エーカー（約4,046平方メートル）の土地と2人の子どもを持つ農民は、死ぬ前に深刻な問題に直面した。つまり、もし彼が土地を2人の子どもに分けた場合、2人の子どもはめいめい0.5エーカーの土地しか得ることができず、それでは家族を養うには十分ではないからだ。この遺産分割という問題は同様に、たとえば、10頭の牛と2人の世継ぎを持つ牛飼いにも起こった。

一方で、産業革命以前では、すべての子どものうち50パーセント以上が成年に至るまでに死ぬのは至極当たり前のことだった❸。こうして、平均的に女性は少なくとも4人の子どもを産み、そのうちの2人が成年に達すれば、人口は一定に保たれることになった。

実際の正確な母性死亡率（MMR: maternal mortality rate）は不確かであるものの、妊娠や出産における敗血症やその他の合併症は近代以前の社会ではありふれたものだった❸。1995年のネパールにおけるMMRは0.5パーセントだった。つまり、200例の出産のうちの1例が母親の死に繋がったのだ❸。アショーカの時代のMMRの数値は確実にずっと大きいものだっただろうが、たとえMMR

---

❸ Kulke and Rothermund 2004, p.66の番号を参照。Thapar 2002, p.181も参照。
❸ Harvey 2013, p.101参照。
❸ たとえば、Trainor 2004, p.64参照。
❸ Aufderheide 2003, p.487参照。
❸ International Development Committee 2008, p.35参照。

が1パーセントで女性が平均4人の子どもを産むと仮定しても、100人の女性のうち4人が出産を原因として死ぬことを意味する。平均5人の出産と2パーセントのMMRでは、その数は10人の女性に1人の確率に跳ね上がる。

こうして明らかに成人男性の過剰が生じる。戦争の時代には男性は戦場で死んだが、平和な時代には男性は乞食や盗賊として生きていかなければならなかっただろう。僧侶集団は尊敬されるべき代替手段を提供することとなったし、以前盗賊であった者でさえ僧侶集団は受け入れたのである。[39]

アショーカが統一した帝国では貿易が著しく拡大した。僧侶は隊商とともに旅行し、非暴力の価値や窃盗の禁止など、端的に言えば文明社会の価値を教えた。ブッダはチャクラヴァルティン王にも巨大な軍隊の指揮官にもならなかったものの、比喩的に言えば、僧侶から構成される巨大な「軍隊」の指揮官になったのである。

4 非暴力と菜食主義

古代インド社会では、武士（クシャトリヤ）のカーストと、古代インド宗教（現代では「ヒンドゥー教と呼ばれる」）の僧侶であるブラーフマナのカーストとの間には明確な区分があった。この二つの階級は通常分離されていて、ブラーフマナの女性はブラーフマナの男性とのみ結婚できた。ブッダの父親のような貴族は武士のカーストの出身であるが、この二つのカーストの間には、僧侶は貴族よりも優れているか、あるいはその逆かについて争いがあった。この状況は僧侶集団の成立とともに変わった。そこにはすべての社会グループの男性が受け入れられたのである。

もともと武士のカーストの出身だった僧侶が同じ武士のカーストの王様の宗教的な相談相手になることが起こり得たのだ。すべてのカーストの僧侶が、かつてはブラーフマナの特権だった宗教的機能のいくつかの任を果たせるようになった。アショーカの時代にはすべての階級の元兵士が僧侶になることができ、新しい文明社会に倫理を説くようになった。

---

[39] Buswell and Lopez 2013, s.v. Aṅgulimāla参照。

このブラーフマナカーストとの争いは、菜食主義が仏教に徐々に浸透していくのに役立ったと考えられる。もともとはブッダのような僧侶は托鉢の椀に盛られた物はすべて食べたものである❹⓪。紀元前一千年紀を通してインド社会は基本的に菜食主義ではなかった。古代の僧侶の経典であるヴェーダに肉食と動物のいけにえの記述を見出すことができるし、またインドの叙事詩では、クシャトリヤ王はさまざまな種類の肉が供される大規模な饗宴を開催したと記されている❹①。肉食は、狩猟採集民集団を含むインド社会の他のカーストではありふれたものだった。その結果、僧侶の規則では、5種類の基本的な食べ物のなかに肉と魚が挙げられており❹②、これらは病気などの際に食べられる特別な優れた食べ物とさえされている❹③。

　托鉢の基本的な考え方は、戸主自身の料理の残り物を食べることにあった。それにもかかわらず、肉食は僧侶集団の初期の時代から、どっちつかずのあいまいな立場に置かれてきたようだ。僧侶の規則（戒律）の至るところで、植物さえも含む人間と動物の平和、非暴力、「不傷害」（サンスクリット語で ahiṃsā）へのコミットメントを見ることができる。

　宗教集団、あるいは修行者集団さえも非暴力にコミットするべきだというのは当たり前のことではない。古代インドの狩猟採集民社会においては部族内の暴力はありふれたもので、職業的戦士と一般人との間にはなんら違いはなかった。そのような社会では、シャーマン（宗教的指導者）の役割は戦闘における勇敢さと狩猟における技術を認めて支えることであった。シャーマンの儀式においては、その儀式の構成のなかに「現実」世界の暴力の再生を含めることもあった。狩猟採集民のシャーマンは、ときには遊牧牛飼いのシャーマンもそうであるが、動物や人間のいけにえや、装飾のために皮膚に傷をつけたり断食をしたりする自己犠牲の実践を通して、暴力の勇猛さや暴力への準備ができていることを祝福した。農業には農民と戦士との間の溝を徐々に広げていく効果があったし、仕事を一層細分化していき、職人や政治家や詩人や

---

❹⓪ Schmithausen 2005, p.188参照。
❹① 古代の肉料理の広範なリストと詳細な説明は、Achaya 1998, pp.52−57を参照。
❹② Schmithausen 2005, p.188参照。
❹③ Wijayaratna 1990, p.69, および Schmithausen 2005, p.188参照。

哲学者を生み出すことにも貢献した。

　ブッダの伝説を読むと、この皇太子は宮廷の贅沢に囲まれた環境で生活していたことがわかる。日々の政治の政策決定に巻き込まれることもなかった。これによりブッダにはすべてのものごとの意味に疑問を持つ時間の余裕が生まれ、一時的な享楽の見せかけの裏に不可避の苦しみを見たのだった。苦しみはブッダの考察の主課題となり最終的に苦しみを克服する道を探ることになった。自身のカーストに属する戦士の価値観のなかには、他人に苦しみを与えることによって喜びを得ようとすることがある程度は含まれていた。けれども、高みからみれば、それはほとんど解決方法にはなりえないのだ。ブッダの伝説が正しいかどうかはさておき、このブッダと修行者たちの本質的な感受性が、たしかにインドの修行者たちを導いて非暴力の態度を身に着けさせたのだ。

　非暴力にはいくつかの非常に現実的な恩恵もあった。町民と村民は僧衣をまとった比丘が近づいてくるのを見ればなんら危険な存在でないことを知って安心したことだろう。見知らぬ人びととの大規模な集団が通り過ぎるのを見る場合を考えれば、これはとりわけ助けになる。それでも、もっとも基本的な点を言えば、社会のほとんどの成員が非暴力にコミットし、文民社会が実現すれば、社会が安定して富むということに、古代世界のさまざまな王様は気付いていたように思われる。比丘が規律された社会に入り非暴力を具現化したとき、苦しみから抜け出る道を一人一人が探索することは、平和と安定を求める社会の要請に合致したのである。

　僧侶が在家仏教徒の家への招待を受けたときに、「不傷害」は問題となった。つまり、古代インドでは客が訪問を告げたときには、もてなしの印として動物を殺し、その新鮮な肉を提供するのが戸主の務めだったからだ。この習慣から「客」すなわち「牛殺し」(サンスクリット語で*goghna*)という共通表現が生まれた[44]。この表現には少しばかりの皮肉と牛の運命についての考察が含まれているが、この習慣は長く続いたようである[45]。

---

[44] Cardona 2004, p. 281参照。
[45] Doniger 2014, p. 502参照。

「不傷害」に熱心に取り組む比丘が「牛殺し」として家を訪問するとすれば、まったく不条理な話となることだろう。こうして、僧侶集団では食事への招待を禁止すべきかどうかの議論があった❹⁶。それでもそのような食事への招待は仏法を在家仏教徒に教えるよい機会ではあった。そのような場合のブッダの演説 (サンスクリット語で sūtra、経) のいくつかを今でも見ることができる。

　それゆえに、そのような招待を受諾するためのさまざまな規則が戒律には収められている❹⁷。僧と尼僧は、動物が彼らのために殺されるのであればどんな食事も受け入れてはならなかった❹⁸。基本的には、それでも彼らは施された物はなんでも静かに受け入れ、好き嫌いを口にしてはいけないとされていた❹⁹。しかし僧侶集団は規則を作り、僧になんとかして提供者の食事の準備に介入させるようにした。戒律ではこれが現実的にどのように実行されたかは、はっきりとは記されていない。私たちはどうやら正反対の規則、すなわち、病気の僧侶が魚や肉を食べたがるがそうすることは禁じられているという規則を見ることができるだけだ❺⁰。

　僧のために動物の殺戮を避けることは、僧侶集団がすでに十分に確立されていた地域では容易なことだっただろう。人びとは僧に何を与え、何を与えるべきではないかを知っていたが、その他の地域では複雑な事態をもたらすこともあった❺¹。さらに言えば、僧が家に到着した時点で、動物が特別に彼をもてなすために殺されたかどうかなどと、どうしたら知ることができるだろうか。そして、提供者が規則を知らずに動物を殺してしまった場合はどうだろうか。そこで、戒律には、僧侶集団にとっては綱領となるような、現在まで続く実践的な規則が含まれている。すなわち、僧は、自身のために動物が殺されたことは、見も聞きも考えもしなかったことにすべきということである❺²。この規定は十分厳格だったので、禁止事項に関して僧にも在家教徒にも注意

---

❹⁶ Wijayaratna 1990, p. 60参照。
❹⁷ Wijayaratna 1990, pp. 61–63参照。
❹⁸ Wijayaratna 1990, p. 69参照。
❹⁹ Wijayaratna 1990, p. 70参照。
❺⁰ Wijayaratna 1990, p. 69参照。
❺¹ Wijayaratna 1990, p. 71参照。
❺² Wijayaratna 1990, p. 71参照。

を与えることができたが、仏教が新たな地域に広がる場合に「質問せず、語らず」という方針を許容することとなった。

　仏教徒のための殺戮を「見も聞きも考えもしなかった」という規則はおそらく僧侶集団の歴史の初期からあったと考えられる。アショーカの統治の時代に有効であり、少なくともアショーカが建国した帝国が続いた限り（最終的な崩壊は紀元前185年）[53]、さらにそれ以降の世紀にも有効であったと思われる。インド亜大陸は大小のいろいろな王国に支配されており、また僧侶集団もいくつかに分離されていた。

　大きな変化が起こったのは4世紀であり、別の王朝であるグプタ朝が再びインド亜大陸を統一した時代であった[54]。西暦400年までに新たな仏教文書が現れ、そこでは僧侶と在家教徒に向けて菜食主義を熱烈に主張した[55]。菜食主義は現代インドで広く浸透しているが、このとき初めて注目を集めたようである[56]。

　この飛躍的進歩についてのもっとも確からしい説明としては、さまざまな宗教団体が数世紀にもわたって「不傷害」を実践したこと、および、誰がもっとも「純粋な」生活様式を持っているか競争したことが考えられる。紀元前の数世紀のブラーフマナの僧侶は、その当時もまだ戦いの勝利や数多くの牛などのために動物のいけにえの儀式を執り行っていたが、これはブッダによって厳しく批判されたのだった[57]。この「不傷害」の考え方自体はブッダの時代よりかなり先駆けてブラーフマナのグループのなかから生まれてきたものであるが、ブラーフマナはいけにえの儀式などの他の伝統への批判に対処しなければならなかった。

　グプタ朝は二つの新しい伝統を生み出した。つまり、第一に、インド亜大陸が再び文明社会として統一されたこと、第二に、グプタ朝の支配者は仏教を大いに支持し、その結果おそらくブラーフマナの立場を弱め、ブラーフマナ

---

[53] 年号はKulke and Rothermund 2004, p.73による。
[54] グプタ朝は、およそ320年から497年まで栄えた。Kulke and Rothermund 2004, p.377.
[55] Schmithausen 2005, p.190参照。
[56] Schmithausen 2005, p.190参照。比較：Thapar 2002, p.305.
[57] Wijayaratna 1990, p.70参照。

に「不傷害」を通じて彼ら自身の純粋さを再主張させるようにした。一方で、グプタ朝の支配者はカースト制を支持し、ブラーフマナがその規則の概略を決める責任を負った[58]。最上位のカーストであるブラーフマナが「不傷害」の実践として菜食主義に転じたとき、それによってトリクルダウン効果が生じたように思われる。肉食、とりわけ牛肉の摂取が許されていたカーストは低い評価を与えられ、地位の向上を願うものは菜食主義を取り入れざるを得なかった[59]。さらに、動物を殺戮することなく肉食したいブラーフマナがいたとしても、彼らは肉を低位の職業と考えられている肉屋から買わざるを得なかっただろう。しかし、そのようにして肉食することは、仏教徒にとっては伝統的に問題とはならなかった。

　物質的な側面から見ると、技術の進歩や人口密度の増加とともに、耕作地の面積が数世紀にわたって増加した。そのような条件下で、おそらく人口を養うのに十分な量の菜食用の食材が存在したが、耕作物を犠牲にすることなくより多くの牛を育てるだけの十分な土地は確保できなかった。これは菜食主義が拡がる過程における一つの要素にすぎないものの、主要な宗教が明らかに動物殺戮を認めていたヨーロッパや東アジアでは菜食主義へと至るそのような転換が起こらなかったことは留意する必要がある[60]。

　ともあれ、グプタ朝の初期のものと推定される仏教文書において、菜食主義を促すさまざまな議論が持ち出された。もっとも顕著だったのは『楞伽経（りょうがきょう）』と呼ばれる文書であり、次の点を指摘している。「非仏教徒でさえ肉食を控えているのにどうして仏教徒に肉食ができるのだろうか。慈悲心（サンスクリット語でkṛpā）が仏教教義の基本原則ではないのか」[61]。この史料から、仏教が菜食主義を採用したのはブラーフマナの僧侶が大いに菜食主義を推進した後であることがわかる。

　グプタ朝の時代を通じて菜食主義は僧侶集団の間にかなり広く拡がっていったようだ。僧はしばしば、数百あるいは数千人が集まって僧院で生活し

---

[58] Nakamura 1980, p.145.
[59] Doniger 2014, p.423参照。
[60] Schmithausen 2005, p.199参照。
[61] Schmithausen 2005, p.190参照。

ていた。『楞伽経』や他の文書の新たな教義がなくても、彼らのために動物が殺されたとの疑念を抱かせることなく肉を食卓にのせることは不可能であっただろう。

　もちろん、グプタ朝時代にどれだけ菜食主義が信奉されていたかについての私たちの知識は限られている。ともあれ、グプタ朝はおよそ紀元500年に中央アジアからの侵略を受けて衰退した。主要な僧院の多くはそのままの形で残されたものの、インド亜大陸で権力を競った小国の間では武力衝突はありふれたものだった[62]。このような風土のなかで、著名な仏教徒である清弁（およそ500年から570年）[63]は論文を書き、厳格な菜食主義に反対し、古代の戒律の立場に賛成する多くの論拠を示した[64]。玄奘（およそ602年から664年まで）がインドを訪れたとき、そこでの菜食主義の広がりについて述べている。彼の報告は信頼できるものだが、『楞伽経』への賞賛のせいで例外的事項を見逃していた可能性は残る[65]。

※原文は英語、本稿は翻訳

参考文献

Achaya, K.T. (1998). *Indian Food: A Historical Companion*. Delhi: Oxford India Paperbacks.

Aufderheide, Arthur C. (2003). *The Scientific Study of Mummies*. Cambridge: Cambridge University Press.

Buswell, Robert E. Jr., and Lopez, Donald S. Jr. (2013). *The Princeton Dictionary of Buddhism*. Princeton: Princeton University Press.

Cardona, George (2004). *Recent Research in Pāṇinian Studies*. Delhi: Motilal Banarsidass.

Davidson, Ronald M. (2002). *Indian Esoteric Buddhism: A Social History of the Tantric Movement*. New York: Columbia University Press.

Doniger, Wendy (2014). *On Hinduism*. Oxford: Oxford University Press.

Harvey, Peter (2013). *An Introduction to Buddhism: Teachings, History and Practices*. 2nd ed.

[62] Davidson 2002, pp. 30–42参照。
[63] 生没年はBuswellおよびLopez 2013, s.v. Bhāvavivekaによる。
[64] Schmithausen 2016（未発表）参照。
[65] Achaya 1998, p. 56参照。

Cambridge: Cambridge University Press.

Hirakawa, Akira (1990). *A History of Indian Buddhism: From Śākyamuni to Early Mahāyāna.* Trans. and ed. Paul Groner. Honolulu: University of Hawai'i Press.

International Development Committee (2008). *Maternal health: Fifth Report of Session 2007–08, Vol. 1: Report, Together with Formal Minutes.* London: The Stationery Office.

Kulke, Hermann, and Dietmar Rothermund (2004). *A History of India.* 4th ed. Oxon: Routledge.

Mayrhofer, Manfred (1992). *Etymologisches Wörterbuch des Altindoarischen.* Heidelberg: C. Winter.

Nakamura, Hajime (中村 元) (1980). *Indian Buddhism: A Survey with Bibliographical Notes.* Osaka: Kansai University of Foreign Studies.

Oldenberg, Hermann (1882). *Buddha: His Life, His Doctrine, His Order.* London: Williams.

Schmithausen, Lambert (2005). Meat-Eating and Nature: Buddhist Perspectives. *Supplement to the Bulletin of the Research Institute of Bukkyō University,* pp. 183–201.

_____ (2016). Fleischverzehr und Vegetarismus im indischen Buddhismus. Unpublished manuscript.

Silk, Jonathan A. (2003). The Fruits of Paradox: On the Religious Architecture of the Buddha's Life Story. *Journal of the American Academy of Religion,* 71(4): 863–881.

Soukhanov, Anne H., ed. (1992). *American Heritage Dictionary of the English Language.* 3rd ed. Boston: Houghton Mifflin.

Strong, John S. (1983). *The Legend of King Aśoka: A Study and Translation of the Aśokāvadāna.* Princeton: Princeton University Press.

Thapar, Romila (2002). *The Penguin History of Early India: From the Origins to 1300 AD.* London: Penguin.

Trainor, Kevin (2004). *Buddhism: The Illustrated Guide.* New York: Oxford University Press.

Wijayaratna, Mohan (1990). *Buddhist Monastic Life: According to the Texts of the Theravāda Tradition.* Cambridge: Cambridge University Press.

Yokoyama, Kōitsu (横山 紘一) and Takayuki Hirosawa (廣澤 隆之) (1996). *Kanbonzō taishō, Yugashijiron sōsakuin* (漢梵蔵対照・瑜伽師地論総索引, Index to the Yogācārabhūmi: Chinese-Sanskrit-Tibetan). Tokyo: Sankibō Busshorin.

あとがき

　本シリーズの出版構想は、金沢星稜大学における平成28年度の人文学部国際文化学科の開設に端を発している。人文学部では「比較文化」を必修基礎科目とし、北陸というローカルな文化の理解のもと、世界各地の暮らしと文化を理解し、グローバルな視野をもって地域社会に役立つ人材の育成をめざす「比較文化学コース」を設けている。近年、「比較文化系」コースのある大学が増える傾向をみることができるが、学部学生向けの入門書が少ない現状にあると感じてきた。人文学部国際文化学科の比較文化学系での教育を考えるなかで、21世紀にふさわしい「比較文化学」の可能性を提示できないかと考えたのである。

　本シリーズの出版構想においては二つの方針を立てた。一つは、今日もなお文化を考えるにあたって鍵となるテーマを選び、それを題材に座談会を開き、比較文化の視点からの自由な議論を編集して一つのパートとすることである。二つ目は、座談会での議論を深めるために執筆した数篇の小論を第二のパートとすることである。この新しい試みがどのような成果をもたらすのか確信がないまま進めてきた。しかし、「食」をテーマとする本書では、専門領域・地域を異にする研究者による座談会での議論によって、「食」の比較文化学がもたらす論点、文化の核となる「食」の姿を少なからず浮かびあがらせることができたのではと思っている。

　本書の出版は、金沢星稜大学総合研究所のプロジェクト研究所に採択された「比較文化学教育研究所」（平成28年度～31年度）の「グローバルな世界情勢に対処できる人材育成のための比較文化学の教育方法と課題に関する研究」の一環として可能となったものである。金沢星稜大学総合研究所の研究助成に感謝したい。また本書の出版は、シリーズの企画からレイアウト、きめが細かく的確な編集助言など、英明企画編集株式会社の松下貴弘氏の尽力なくしてはできあがらなかったものである。この場を借りて氏にあらためて感謝の意を表したい。

編者　山田孝子・小西賢吾

写真クレジット

- 2ページ、75ページ4段目、78ページ下……小磯千尋（2008）
- 3ページ、5ページ2段目・4段目、7ページ左3段目・4段目、30ページ上、33ページ上、44、47ページ下、48、89ページ左下、92ページ……山田孝子（1976）
- 4ページ1段目、75ページ1段目、79ページ……小磯千尋（2015）
- 4ページ2段目、6ページ左3段目、63ページ上左、75ページ3段目、85ページ右……小磯千尋（2013）
- 4ページ3段目、7ページ右下、33ページ下、43、47ページ上、51、55ページ、59ページ左上、70ページ……山田孝子（1989）
- 4ページ4段目……山田孝子（1994）
- 4ページ5段目、6ページ右2段目、59ページ右上、65ページ右、66ページ……山田孝子（2004）
- 5ページ1段目、54ページ……山田孝子（2010）
- 5ページ3段目、126ページ……©iStockphoto.com/idmanjoe
- 5ページ5段目、6ページ右3段目、89ページ左上・右上、93ページ右、95ページ下……小西賢吾（2015）
- 6ページ左1段目、63ページ上右、84ページ……小磯千尋（2010）
- 6ページ左2段目、59ページ右下2点、63ページ下、64ページ……小磯千尋（2004）
- 6ページ右1段目……山田孝子（2007）
- 7ページ左1段目、9ページ右下、17ページ……©sulccojang – Fotolia
- 7ページ左2段目、30ページ下円……©lamyai – Fotolia
- 7ページ中央1段目・3段目、93ページ上左、95ページ上……山田孝子（1996）
- 7ページ中央2段目……©blackday – Fotolia
- 7ページ右1段目、9ページ右上、13ページ……ジェームズ・ロバーソン（2017）
- 8ページ左1段目、105ページ2段目、106ページ……©Nishihama – Fotolia
- 8ページ左2段目、9ページ左上・左下、11、25ページ……小磯千尋（2017）
- 8ページ左3段目、98ページ……©風太 – Fotolia
- 8ページ右上……©sasazawa – Fotolia
- 8ページ右下……©Botamochy – Fotolia
- 19ページ……©Family Business – Fotolia
- 27ページ右……©myc2102 – Fotolia
- 27ページ左……©imageck – Fotolia
- 28ページ……https://upload.wikimedia.org/wikipedia/commons/b/b1/Max_und_Moritz_%28Busch%29_021.png（『マックスとモーリッツ——七つのいたずらの話（*Max und Moritz – Eine Bubengeschichte in sieben Streichen*）』所収イラスト〈パブリック・ドメイン〉）
- 37ページ……山田孝子（1978）
- 50ページ……山田孝子（2000）
- 59ページ左下、61ページ……©iStockphoto.com/tichr
- 65ページ左……山田孝子（1983）
- 75ページ2段目、78ページ上……小磯千尋（2001）
- 85ページ左……小磯千尋（2016）
- 89ページ右下……山田孝子（2017）
- 103ページ……小西賢吾（2017）
- 105ページ1段目、110ページ……「金沢城下図屏風」（石川県立歴史博物館所蔵）
- 105ページ3段目、112ページ……「軍隊関係絵はがき」（石川県立歴史博物館所蔵）
- 105ページ4段目、111ページ……本康宏史（2016）
- 119ページ上、123ページ……©iStockphoto.com/SDecha
- 119ページ下……©Yusei – Fotolia

編者・執筆者一覧

川村 義治(かわむら よしはる)
- ◉所属……金沢星稜大学人文学部教授
- ◉専門……英語教育
- ◉研究テーマ……認知的観点から英語のスキルの向上を考察する
- ◉主な著書(論文)
  - 『異文化理解の座標軸：概念的理解を越えて』(淺間正通(編著)、分担執筆、日本図書センター、2000年)
  - 『民族から見たアメリカ社会』(Robert Muraskinとの共著、成美堂、2004年)
  - 『英語で世界に橋を架けよう』(リンチ・ギャビンとの共著、南雲堂、2015年)

小磯 千尋(こいそ ちひろ)
- ◉所属……金沢星稜大学教養教育部教授
- ◉専門……インドの宗教・文化
- ◉研究テーマ……ヒンドゥー教におけるバクティ、マハーラーシュトラ地域研究、インド食文化
- ◉主な著書(論文)
  - 「中世バクティ詩人にみる浄・不浄観」(『金沢星稜大学人文学研究』1(1)：59-69、2016年)
  - 「インド──ヒンドゥー教とジャイナ教」(南直人編『宗教と食』(食文化フォーラム32)所収、ドメス出版、2014年)
  - 『ヒンディー語のかたち』(白水社、2013年)
  - 『世界の食文化8 インド』(小磯学と共著、農山漁村文化協会、2006年)

小西 賢吾(こにし けんご)
- ◉所属……金沢星稜大学教養教育部准教授
- ◉専門……文化人類学
- ◉研究テーマ……宗教実践からみる地域社会・共同体論。チベット、ボン教徒の民族誌的研究
- ◉主な著書(論文)
  - 『四川チベットの宗教と地域社会──宗教復興後を生きぬくボン教徒の人類学的研究』(風響社、2015年)

- "Inter-regional relationships in the creation of the local Bon tradition: A case study of Amdo Sharkhog," *Report of the Japanese Association for Tibetan Studies*（『日本チベット学会会報』60：149-161、2014年）
- 「興奮を生み出し制御する──秋田県角館、曳山行事の存続のメカニズム」（『文化人類学』72（3）：303-325、2007年）

Achim Bayer（アヒム・バイヤー）
- ●所属……金沢星稜大学人文学部准教授
- ●専門……仏教学、比較文化学
- ●研究テーマ……仏教思想史、仏教倫理学、現代仏教、比較文化
- ●主な著書（論文）
- *The Theory of Karman in the Abhidharmasamuccaya*（Tokyo: International Institute of Buddhist Studies、2010年）
- "The Ethics of Kingship and War in Patrul Rinpoche's Words of My Perfect Teacher and the Last Buddhist Rulers of Derge" (In Charles Ramble and Jill Sudbury, eds., *This World and the Next: Contributions on Tibetan Religion, Science and Society*, Proceedings of the Eleventh Seminar of the International Association for Tibetan Studies, Königswinter 2006. Andiast, Switzerland: IITBS (International Institute for Tibetan and Buddhist Studies GmbH) pp. 81-106、2012年）
- "School Affiliation of the Abhidharmasamuccaya in the Light of Tibetan Scholasticism" (*Bojo Sasang, Journal of Bojo Jinul's Thought*, 36: 55-96、2011年）

本康 宏史（もとやす ひろし）
- ●所属……金沢星稜大学経済学部教授
- ●専門……日本近代史・地域史・産業史
- ●研究テーマ……石川県を中心とした北陸地域の近代的展開
- ●主な著書（論文）
- 『イメージ・オブ・金沢──"伝統都市"像の形成と展開』（編著、前田印刷出版部、1998年）
- 『石川県の歴史』（高沢祐一、東四柳史明、橋本哲也、川村好光との共著、山川出版社、2000年）
- 『軍都の慰霊空間──国民統合と戦死者たち』（吉川弘文館、2002年）
- 『からくり師大野弁吉の時代──技術文化と地域社会』（岩田書院、2007年）

山田 孝子(やまだ たかこ)
- ◉所属……金沢星稜大学人文学部教授／京都大学名誉教授
- ◉専門……文化人類学、比較文化学
- ◉研究テーマ……チベット系諸民族の宗教人類学的・民族誌的研究、琉球諸島・ミクロネシアの自然誌的研究、アイヌ研究、シャマニズム、文化復興、エスニシティ
- ◉主な著書(論文)
  - *Migration and the Remaking of Ethnic/Micro-Regional Connectedness*(Senri Ethnological Studies no. 93、Toko Fujimotoとの共編著、Suita, Osaka: National Museum of Ethnology、2016年)
  - 『南島の自然誌──変わりゆく人-植物関係』(昭和堂、2012年)
  - 『ラダック──西チベットにおける病いと治療の民族誌』(京都大学学術出版会、2009年)
  - *The World View of the Ainu: Nature and Cosmos Reading from Language*(London: Kegan Paul、2001年)
  - *An Anthropology of Animism and Shamanism*(Bibliotheca Shamanistica, vol. 8, Budapest: Akadémiai Kiadó、1999年)
  - 『アイヌの世界観──「ことば」から読む自然と宇宙』(講談社(選書メチエ)、1994年)

James E. Roberson(ジェームス・ロバーソン)
- ◉所属……金沢星稜大学人文学部教授
- ◉専門……文化人類学(日本研究)
- ◉研究テーマ……日本における仕事や男性性、戦後沖縄のポピュラーミュージック
- ◉主な著書(論文)
  - *Japanese Working Class Lives*(Routledge、1998年)
  - *Men and Masculinities in Contemporary Japan*(共著、Routledge Curzon、2003年)
  - *Islands of Discontent*(共著、Rowman & Littlefield、2003年)
  - 『仕事の人類学』(共著、世界思想社 2016年)
  - 「『沖縄』を描くということ」(桑山敬巳[編著]『日本はどのように語られたか──海外の文化人類学的・民俗学的日本研究』所収、昭和堂 2016年、pp. 115-149)

シリーズ 比較文化学への誘い2
食からみる世界

2017年3月30日　　初版第1刷発行
2019年4月28日　　　第2刷発行

編　著 ──── 山田孝子・小西賢吾

発行者 ──── 松下貴弘
発行所 ──── 英明企画編集株式会社
　　　　　　〒604-8501 京都市中京区御幸町通船屋町367-208
　　　　　　電話 075-212-7235
　　　　　　https://www.eimei-information-design.com/

印刷・製本所 ── モリモト印刷株式会社

©2017　Takako Yamada, Kengo Konishi
Published by Eimei Information Design, Inc.
Printed in Japan　ISBN 978-4-909151-02-5

- 価格はカバーに表示してあります。
- 落丁・乱丁本は、お手数ですが小社宛にお送りください。送料小社負担にてお取り替えいたします。
- 本書掲載記事の無断転用を禁じます。本書に掲載された記事の著作権は、著者・編者に帰属します。
- 本書のコピー、スキャン、デジタル化等の無断複製は、著作権法上での例外をのぞき、禁じられています。本書を代行業者等の第三者に依頼してスキャンやデジタル化することは、たとえ個人や家庭内の利用であっても、著作権法上認められません。